Diseño, transformación y cambio en las organizaciones

Cómo definir y lograr los objetivos estratégicos

Madrid, 2024

Luis F. Toro Dupouy

Diseño, transformación y cambio en las organizaciones

Cómo definir y lograr
los objetivos estratégicos

Abril, *2024*

Diseño, transformación y cambio en las organizaciones. Cómo definir y lograr los objetivos estratégicos
Luis F. Toro Dupouy

© 2024, ESIC EDITORIAL
Avda. de Valdenigriales, s/n
28223 Pozuelo de Alarcón (Madrid)
Tel.: 91 452 41 00
www.esic.edu/editorial
@EsicEditorial

ISBN: 978-84-1192-044-5
Depósito Legal: M-5835-2024

Diseño de cubierta: Zita Moreno Puig
Maquetación: Santiago Díez Escribano
Lectura: Balloon Comunicación
Impresión: Gráficas Dehon

Un libro de

Impreso en España – *Printed in Spain*

Este libro ha sido impreso con tinta ecológica y papel sostenible.

Índice

PARTE I
Estructura y diseño organizacional

INTRODUCCIÓN

Los cambios en las condiciones del entorno han trasladado el foco de la verdadera ventaja competitiva a las capacidades de la estructura organizacional: la forma particular en la que esta es capaz de conseguir sus objetivos estratégicos. Las capacidades básicas —ventajas de diferenciación, ventajas en costes o ventajas de marketing— deben combinarse con la habilidad de adaptación a los cambios en el entorno competitivo, las necesarias alteraciones en la estrategia y la inevitable pérdida de personal clave.

El diseño organizacional es un proceso formal y supervisado para integrar a las personas, la información y la tecnología de una organización. Se utiliza para acercar lo más posible la forma de una organización a los objetivos que esta persigue.

El tipo de estructura que tendrá una organización estará determinado por una serie de variables contextuales, como su estrategia y objetivos, tamaño, tecnología y el entorno en el que opera.

Focalizaremos nuestra atención en cómo dividir las tareas y cómo coordinarlas, es decir, en los procesos clave de diferenciación e integración. Abordaremos, entre otros contenidos, las dimensiones estructurales necesarias para conseguir la configuración deseada en la organización, sin olvidar las cuestiones relacionadas con la configuración estructural: cómo se agrupan las actividades y personas en la organización.

IDEAS CLAVE

- El diseño organizacional es una serie de actividades dirigidas a alinear todos los elementos de la organización, con la finalidad de obtener un alto desempeño y conseguir cumplir con las metas fijadas en la estrategia empresarial.

- El tipo de estructura que tendrá una organización estará determinado por una serie de variables contextuales, como su estrategia y objetivos, tamaño, tecnología y el entorno en el que opera.

- El tamaño de la organización influye de forma determinante en su estructura.

- La estructura organizacional reduce la ambigüedad en los empleados, dejando claro cuáles son sus funciones, cómo deben desempeñarlas y a quién deben rendir cuentas o acudir a la hora de tener un problema.

- Las organizaciones no son sistemas estáticos, sino organismos complejos y adaptativos.

- Si la dirección de la organización opta por un cambio significativo en su estrategia, también debería cambiar la estructura para facilitar la adopción de esos cambios.

- La incertidumbre es una de las mayores amenazas a la efectividad de la organización, por lo que la dirección de la empresa tratará de reducirla.

- Una variable organizacional de suma importancia relacionada con la formalización es la confianza.

1
¿Qué es la estructura y el diseño organizacional?

E l diseño organizacional es el proceso de construir y ajustar una estructura organizacional para conseguir sus objetivos. El proceso, que parte de las metas organizacionales, convierte a estas en tareas, que a su vez sirven de base para la definición de los puestos de trabajo. Los puestos de trabajo se conectan para formar departamentos y los departamentos se enlazan para formar la estructura organizacional.

Hoy en día la competencia es feroz en casi todas las industrias y sectores empresariales.

La constante aparición de nuevos productos, formas de distribución y modelos de negocios, apoyados por los vertiginosos avances tecnológicos, hacen que las reglas básicas del juego también cambien constantemente.

La democratización de la tecnología y las fuerzas de la globalización han acabado con las principales ventajas competitivas de las grandes corporaciones de antaño. La propiedad sobre un proceso productivo o la cercanía a los consumidores y las fuentes de capital ya no implican una ventaja diferencial significativa. El compromiso del factor humano más capacitado para con la organización tampoco suele durar tanto como antes y más bien está disposición del mejor postor. En definitiva, las barreras de entrada que solían proteger a muchas industrias y sectores ya no existen o son insignificantes.

Estos cambios en las condiciones del entorno han trasladado el foco de la verdadera ventaja competitiva a las capacidades de la estructura organizacional. Es decir, la forma particular en la que esta es capaz de conseguir sus objetivos estratégicos. Esas capacidades básicas —ventajas de diferenciación, ventajas en costes o ventajas de marketing— deben combinarse con la habilidad de adaptación a los cambios en el entorno competitivo, las necesarias alteraciones en la estrategia y la inevitable pérdida de personal clave.

El diseño organizacional es el vehículo a través del cual se ejecuta la estrategia empresarial y, por tanto, debe ser considerado como una actividad crítica para el establecimiento del marco referencial a través del cual la empresa servirá a sus clientes y se interrelacionará con el mercado.

Por tanto, los altos directivos tienen la responsabilidad de comprender de forma profunda y sistemática los conceptos y habilidades involucrados en el diseño de sus organizaciones. Cuando el proceso se lleva a cabo de forma efectiva, tiene el potencial de facilitar las actividades de la empresa, incentivar la innovación y el talento y proporcionar claridad a los grupos de interés (*stakeholders*). Ahora bien, también deben comprender que un diseño organizacional realmente efectivo es un proceso continuo y permanente dentro de la empresa. La característica dinámica y cambiante del entorno competitivo requiere de constantes cambios en la estrategia y, por tanto, de las revisiones pertinentes en el diseño organizacional y los modelos de negocios.

Existen una serie de condicionantes que sirven de factores motivacionales para la mejora en el diseño organizacional. Hoy en día, la mayoría de las organizaciones se están viendo sujetas a presiones internas y externas que apuntan a esta necesidad.

Entre las presiones internas encontramos:

• Cambios organizacionales provocados por procesos de integración —fusiones, adquisiciones o asociación estratégica—, o bien por procesos de desinversión y desintegración.

• Desarrollo del negocio por crecimiento en las líneas de producto o servicios o por expansión geográfica.

• Cambios en la cúpula de la organización.

• Detección de deficiencias en los resultados.

Como presiones externas se pueden señalar:

• Presiones por la mejora en el desempeño y la reducción de costes, motivados por la reducción en los márgenes comerciales.

• Cambios en las regulaciones.

• La necesidad en la búsqueda de la innovación.

• Cambios en los requerimientos de los clientes y las especificaciones de los proveedores.

• Cambios en los entornos competitivos domésticos e internacionales.

Organizaciones en industrias tan diversas como las telecomunicaciones, los servicios financieros, la distribución y la prestación de servicios de salud, entre muchas otras, han encontrado en el diseño organizacional una herramienta de incalculable valor para mejorar su desempeño.

Las preguntas clave que los directivos necesitan responder para realizar un apropiado diseño de su estructura organizacional son las siguientes:

1. ¿En qué grado están subdivididas las tareas en distintos trabajos?

2. ¿Sobre qué fundamentos se agruparán juntos los trabajos?

3. ¿A quién deben responder los individuos y los grupos?

4. ¿Cuántos individuos puede un directivo gestionar de forma efectiva y eficiente?

5. ¿Dónde recae la autoridad para la toma de decisiones?

6. ¿Hasta qué nivel habrá reglas y regulaciones para dirigir a empleados y directivos?

Las respuestas a estas preguntas son los elementos que los directivos necesitan considerar cuando emprenden el diseño de su estructura organizacional.

> En resumen, el diseño organizacional es un proceso formal y supervisado para integrar a las personas, la información y la tecnología de una organización. Se utiliza para acercar lo más posible la forma de una organización a los objetivos que esta persigue. A través del proceso de diseño, las organizaciones actúan para aumentar la probabilidad de que el esfuerzo colectivo de sus miembros será exitoso.

Usualmente el proceso es promovido como un cambio interno y facilitado por un facilitador externo. Los directivos y demás grupos de interés trabajan juntos para definir las necesidades de la organización y crean la estructura y los sistemas que puedan satisfacer mejor esas necesidades. El papel del facilitador debe ser el de asegurar que se sigue un proceso sistemático y el de promover el pensamiento creativo.

El diseño organizacional comienza con la creación de una estrategia, una serie de lineamientos o directrices sobre las decisiones, que servirán de guía para la selección de alternativas de acción. La estrategia surge a partir de unos objetivos concisos y claramente definitivos, así como de la misión y la filosofía de la organización.

Pero la creación de una estrategia forma parte de la fase de planificación, no de la de organización. Para organizar se debe conectar a las personas de una forma clara y significativa. También se les debe proporcionar la información y la tecnología necesarias para alcanzar sus objetivos. La estructura organizacional define las relaciones formales entre las personas y define sus roles y responsabilidades. Los sistemas administrativos facilitan la dirección de la organización a través de pautas, procedimientos y políticas. La información y la tecnología definen los procesos a través de los cuales se consiguen los *outputs*. Cada elemento debe servir de soporte a los otros, y juntos deben ayudar en la consecución de los objetivos de la organización.

1.1. REGLAS BÁSICAS PARA EL DISEÑO ORGANIZACIONAL

Stanford (2007) sostiene que existen cinco reglas básicas para el diseño organizacional:

1. **Diseñar cuando exista una verdadera razón para ello.** La autora defiende que diseñar sin una causa justificada implica enfrentarse a la dificultad de lograr el respaldo y compromiso de las personas. Una buena parte de la decisión de diseñar se basa en una fuerte argumentación que sea ampliamente aceptada. De lo contrario, el proceso fracasará.

2. **Desarrollar opciones antes de tomar la decisión de diseñar.** Para ello las técnicas de simulación y desarrollo de escenarios pueden servir de ayuda en la consideración de diferentes opciones. El realizar un mapeo de los flujos de trabajo y la identificación del impacto que sobre este tendrán diferentes situaciones y su marco contextual servirá para definir si verdaderamente es necesario diseñar o si por el contrario otras medidas pueden ser más efectivas.

3. **Escoger el momento adecuado para diseñar.** En vista de que la organización tiene que seguir funcionando, el escoger un momento propicio para diseñar es fundamental. Para que el proceso sea exitoso, la autora sugiere que a) se establezca una sensación de urgencia, b) que exista un grupo de personas con poder e influencia dentro de la organización para que la conduzcan durante el diseño y c) que se cree una visión de la organización rediseñada para que las personas se sientan parte de ella.

4. **Buscar pistas de que las cosas están fuera de orden.** Utilizar las medidas de control de resultados (si es que existen) para buscar pistas de que las cosas están desalineadas. Si estuviesen alineadas y por tanto funcionando correctamente, no habría razón para emprender un proceso (que requiere de muchos recursos) de diseño o rediseño de la organización.

5. **Visión de futuro.** El que las cosas estén actualmente alineadas no debe ser razón para descuidarse. Los continuos cambios en

el contexto hacen necesario una constante y cuidadosa evaluación del entorno. El trabajo sistemático de diseño organizacional implica la creación de una visión de la empresa en el futuro. Esto conlleva la evaluación de su estado actual y el cómo acercarlo al estado deseado.

Como hemos dicho, el proceso requiere de la disposición de grandes recursos organizaciones y, por tanto, el contar con un decidido apoyo de la alta dirección, así como una disciplinada gestión de proyecto es fundamental para llegar a buen puerto.

1.2. PROCESOS CLAVE DE DISEÑO ORGANIZACIONAL

Hay dos procesos clave para el éxito del diseño organizacional:

1. **Diferenciación**: es el proceso del diseño por el que se dividen las metas de la organización en tareas.

2. **Integración**: es el proceso del diseño por el que se conectan las tareas para formar la estructura que sirve de soporte a la consecución de esas metas. La estructura organizacional pretende aportar orden, a través del establecimiento de relaciones y canales de comunicación.

Una adecuada comprensión de los procesos clave del diseño y de la estructura organizacional ayudan a una mejor comprensión de la organización y, por extensión, de su entorno.

El organigrama es la representación más visual de la estructura organizacional y de los componentes subyacentes (Nelson y Quick, 2013). La mayoría de las organizaciones los utilizan para mostrar las diferentes relaciones jerárquicas a través del sistema.

Los **componentes subyacentes** del organigrama son:

a) Por un lado, las líneas formales de autoridad y responsabilidad.

b) Por otro, los sistemas formales de integración, coordinación y comunicación.

Las líneas formales de autoridad se refieren a la designación de las relaciones jerárquicas por la manera en la que los puestos de trabajo y los departamentos están agrupados, y los sistemas formales de comunicación se refieren a los patrones formales de interacción entre los empleados.

1.2.1. Diferenciación

Diferenciación es el proceso por el cual se decide cómo dividir el trabajo dentro de una organización. El objetivo es que todas las tareas organizacionales esenciales estén asignadas a uno o más puestos de trabajo y que estas reciban la atención necesaria.

Aunque se han considerado muchas dimensiones de la diferenciación en las organizaciones, las cuatro dimensiones de Lawrence y Lorsch (1967) son unas de las más aceptadas. En su estudio, estos autores consideraron las siguientes dimensiones:

1. Orientación al objetivo de la dirección.
2. Orientación al tiempo.
3. Orientación interpersonal.
4. Formalidad de la estructura.

La Tabla 1.1 muestra cómo las diversas áreas funcionales de la organización tienen diferencias de orientación.

Tabla 1.1. Diferenciación entre marketing e ingeniería

BASE PARA LA DIFERENCIA	MARKETING	INGENIERÍA
Orientación al objetivo	Volumen de ventas	Diseño
Orientación al tiempo	Largo plazo	Medio plazo
Orientación interpersonal	Orientado a las personas	Orientado a las tareas
Estructura	Menos formal	Más formal

Fuente: Nelson y Quick (2013).

La diferenciación puede ser horizontal, vertical y espacial. La diferenciación horizontal se refiere al grado de diferenciación entre las subunidades de una organización, y se basa en la educación, el entrenamiento o el conocimiento especializado de sus empleados. Esta aumenta con la especialización y la departamentalización.

La agrupación específica de una serie de actividades desempeñadas por una persona es lo que se denomina especialización. Uno de los indicadores del alcance de un puesto de trabajo, de cuánto entrenamiento es necesario y de las características individuales necesarias para su desempeño es el grado de especialización dentro de una organización.

Generalmente, a mayor especialización de trabajo dentro de una organización, más departamentos diferenciados dentro de la organización. Es decir, mayor departamentalización. Esta departamentalización puede ser por funciones, servicios, clientes, productos, procesos, geográfica o alguna combinación de las anteriores. Las organizaciones pequeñas pueden departamentalizar por una sola de estas variables, mientras que las organizaciones grandes pueden departamentalizar su estructura usando todos o la mayoría de estos métodos a diferentes niveles de la organización.

La prestación de los servicios de salud está organizada con un alto grado de diferenciación horizontal. El personal médico y de soporte sanitario posee un alto grado de especialización: neurólogos, obstetras, traumatólogos, cardiólogos, enfermeras pediátricas, técnicos de rayos X, personal de laboratorio, etc. Todos son puestos de trabajo con una descripción específica, y cada uno diferente del otro. Cada uno requiere de una formación específica, y una certificación y credenciales que son imprescindibles para el desempeño de sus tareas.

Otro ejemplo clásico para explicar la diferenciación horizontal es el de dos profesores universitarios que imparten cursos especializados en diferentes facultades. En el caso concreto de las escuelas de negocios, la mayoría presenta una organización dividida en departamentos muy diferenciados: dirección, marketing, finanzas, gestión de operaciones, contabilidad y sistemas de información. Cada uno de estos departamentos está fuertemente especializado y concentran sus actividades en un campo específico del conocimiento. La Figura 1.1 muestra un ejemplo de diferenciación horizontal:

Figura 1.1. Diferenciación horizontal

```
                    ┌─────────────┐
                    │  Dirección  │
                    │   General   │
                    └─────────────┘
        ┌──────────────┬──────┴───────┬──────────────┐
┌──────────────┐┌──────────────┐┌──────────────┐┌──────────────┐
│ Departamento ││ Departamento ││ Departamento ││ Departamento │
│ de Marketing ││ de Finanzas  ││de Operaciones││de Contabilidad│
└──────────────┘└──────────────┘└──────────────┘└──────────────┘
```

Fuente: Elaboración propia.

El otro tipo de diferenciación, que se refiere a la diferencia en autoridad y responsabilidad en la jerarquía organizacional, es la denominada **diferenciación vertical**. Evidentemente, las organizaciones con muchos niveles tienen mayor diferenciación vertical, mientras que las organizaciones planas tienen menos diferenciación vertical. La distancia en el organigrama entre el director general y un administrativo es un indicativo del grado de diferenciación vertical en la organización. La Figura 1.2 ilustra la diferenciación vertical.

Figura 1.2. Diferenciación vertical

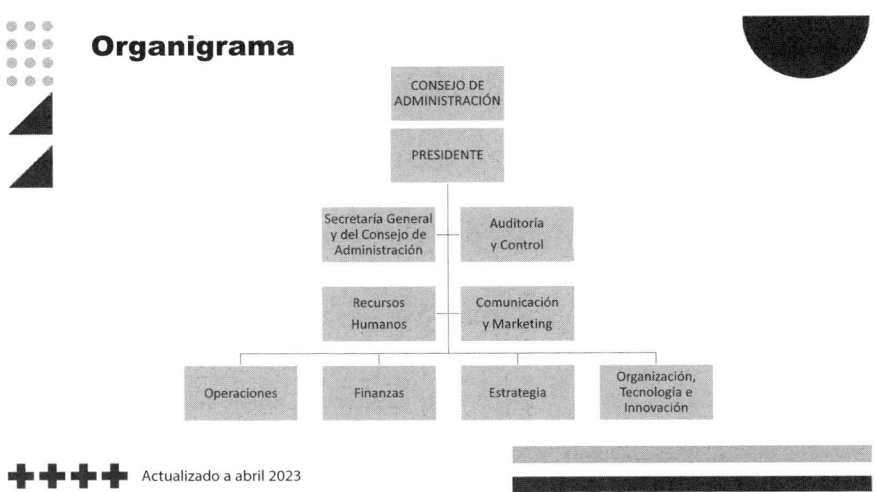

Fuente: http://www.correos.es/

Al igual que muchas de las grandes empresas, la Sociedad Estatal de Correos y Telégrafos de España está muy diferenciada verticalmente.

Correos es una sociedad anónima de capital cien por cien público, gestionada por tres órganos superiores de dirección: el consejo de administración y su comisión ejecutiva y el presidente. A nivel territorial se estructura en catorce direcciones de zona. Además, el grupo cuenta con varias empresas filiales, Correos Express, Correos Express Portugal y Correos Telecom.

Correos es un buen ejemplo de una organización con una diferenciación espacial. La diferenciación espacial es la dispersión geográfica de las oficinas, fábricas y personal de una organización. Aunque el incremento en el número de oficinas incrementa la dificultad en el diseño organizacional, algunas veces es necesario para la consecución de las metas organizacionales.

Nelson y Quick (2013) sostienen que la diferenciación horizontal, vertical y espacial de una organización apunta a la cantidad de amplitud, altura y profundidad que necesita su estructura. También señalan estos autores que, aunque una organización esté altamente diferenciada en alguna de estas dimensiones, no significa que deba estarlo en las otras dos.

Volviendo al ejemplo del ambiente universitario, este se caracteriza por una gran diferenciación horizontal y sin embargo tiene una relativamente baja diferenciación vertical y espacial.

El nivel de complejidad de una organización se determina en gran parte por la cantidad de diferenciación horizontal, vertical y espacial que exista en ella. La complejidad se refiere al número de actividades, subunidades o subsistemas dentro de la organización. Se tiende a correlacionar la complejidad con el tamaño organizativo aunque no tenga necesariamente que ser así. Existen algunas empresas pequeñas que pueden llegar a ser muy complejas.

Un pequeño despacho de abogados puede tener tareas muy especializadas y una jerarquía clara y marcadamente diferenciada.

Por tanto, aunque se relacione el tamaño con la complejidad, no siempre es así. Lo que sí está claro es que mientras crezca la complejidad de una organización, también crecerá la necesidad por mecanismos de coordinación y enlace entre sus diferentes partes. El diseño y la construcción de estos mecanismos de enlace y coordinación se conoce como integración.

1.2.2. Integración

El proceso de diferenciación en una organización también apunta a la necesidad de integrar a los grupos, sus actividades y tareas, para formar un todo coordinado.

Integración es el proceso de coordinación de las diferentes partes de la organización.

Los mecanismos de integración están diseñados para conseguir unidad entre los individuos y los grupos de varios puestos de trabajo, departamentos y divisiones en la consecución de las tareas y metas organizacionales.

> La responsabilidad principal de esta actividad de coordinación es de las personas que componen los puestos de dirección. De hecho, la coordinación e integración de las actividades de la organización forman parte de las funciones propias de la dirección, como la toma de decisiones y el establecimiento de políticas.

Las **conexiones verticales** se utilizan para integrar las actividades a través de la cadena de mando de la organización. Las reglas y los procedimientos, los planes y cronogramas, la adición de posiciones a la estructura de la organización y los sistemas de gestión de la información son algunos de los dispositivos estructurales que pueden utilizarse para llevar a cabo la conexión vertical.

Las líneas verticales en un organigrama indican las líneas de referencia jerárquica en una organización. Estas sirven de referencia para establecer responsabilidades (hacia arriba) y para delegar tareas (hacia abajo).

La comunicación y coordinación necesaria para conectar los puestos de trabajo a través de los departamentos de una organización se consigue por medio de mecanismos de integración horizontal. Cuanto más compleja es una organización, mayor es la necesidad de mecanismos de integración horizontal.

> La forma más eficaz de integración horizontal es la creación de equipos interdisciplinarios. Los equipos interdisciplinarios traspasan las fronteras de la estructura organizacional, para constituirse en nuevas entidades para la toma de decisiones.

2

Dimensiones básicas del diseño organizacional

Como hemos visto, las organizaciones dividen el trabajo a través del proceso de diferenciación y lo coordinan a través del proceso de integración. Idealmente, todas las organizaciones deberían buscar la mejor combinación entre diferenciación e integración en la consecución de sus metas. Existen una serie de dimensiones estructurales que los directivos necesitan considerar, para conseguir la configuración deseada. Estas son:

- Formalización.
- Centralización y descentralización.
- Especialización.
- Estandarización.
- Ámbitos de control.

Los siguientes subapartados describen estas cinco dimensiones estructurales.

2.1. FORMALIZACIÓN

Una manera de asegurar que las personas y los departamentos que realizan tareas altamente diferenciadas coordinen sus actividades es a través de la elaboración de políticas, procedimientos, manuales y regulaciones formales.

La formalización se refiere al grado en el que los trabajos dentro de la organización están estandarizados.

El nivel de discreción sobre lo que se puede hacer, cuándo y cómo hacerlo tiene que ver con el grado de formalización del trabajo.

Un trabajo altamente formalizado implica la expectativa de un comportamiento homogéneo por parte del empleado. Para este tipo de puestos, las organizaciones elaboran manuales para empleados, descripciones de los trabajos y otros documentos escritos que dirigen la conducta del empleado. Por el contrario, cuando el grado de formalización es bajo, las conductas en el trabajo están relativamente poco programadas y los empleados gozan de una gran libertad para ejercer la discreción en su trabajo.

A mayor estandarización —y por tanto menor discreción en el trabajo— menor es la capacidad del empleado en influir en el cómo debe llevarse a cabo la tarea. De hecho, la estandarización elimina la consideración de alternativas.

El grado de formalización no solo varía ampliamente entre organizaciones, sino también dentro de la misma organización. Algunos puestos de trabajo tienen un bajo nivel de formalización.

Algunos agentes de seguros tienen una gran libertad de acción en su trabajo. No tienen un horario específico que cumplir; no tienen un discurso de ventas estandarizado y las reglas y procedimientos que gobiernan su conducta pueden ser poco más que la obligación de realizar un informe semanal de ventas y algunas sugerencias sobre los productos que comercializar. Por otra parte, en algunas posiciones administrativas o de soporte en la misma empresa de seguros, los empleados tienen la obligación de estar en sus puestos de trabajo en un horario establecido y de seguir una serie de procedimientos específicos fijados por la dirección.

2.1.1. Confianza. Diferenciación espacial

Una variable organizacional de suma importancia relacionada con la formalización es la confianza. Una organización con un alto nivel de formalización lleva implícito en su estilo de dirección que sus empleados pueden carecer de los conocimientos, habilidades, juicio o autocontrol necesarios para realizar sus tareas en la organización. En el otro extremo, cuando los empleados están informados y poseen las habilidades y conocimientos necesarios para realizar sus tareas, además de tener el juicio y el autocontrol adecuado, la organización puede optar por prescindir de normas y procedimientos formales que rijan su actuación. Es decir, es probable que la organización renuncie a la formalización.

> La confianza es esencial para la conducta interpersonal y grupal. Hosmer (1995) sostiene que la confianza es una base importante para la conducta ética dentro de las organizaciones. La confianza se basa en la presunción de una obligación moral y, por tanto, es difícil de definir, pero podría decirse que se refiere a la expectativa optimista acerca del resultado de un evento o conducta de otra persona u organización. Se asocia la confianza con la voluntad de cooperación y con los beneficios asociados a esa cooperación.

Las acciones virtuosas que contribuyen al bienestar dentro de las organizaciones están basadas en la obligación moral de la persona de actuar de forma confiable. La confianza es una importante variable de conexión en la organización (Hosmer, 1995).

La localización geográfica de diferentes actividades organizativas, la llamada dispersión o diferenciación espacial, también influye en la necesidad de diferentes grados de formalización. Operaciones dispersas en diferentes localizaciones pueden necesitar más normas, políticas y procedimientos para asegurar la coordinación de las actividades. Cuando todas las operaciones se llevan a cabo en una misma localización, la organización puede confiar en las relaciones interpersonales y las relaciones informales para modelar el comportamiento esperado de sus empleados.

2.2. CENTRALIZACIÓN Y DESCENTRALIZACIÓN

El lugar donde se toman las decisiones dentro de la jerarquía organizativa es muy importante y es un factor que influye de manera determinante en el cómo se integran las actividades dentro de la organización. En algunas organizaciones los altos directivos toman todas las decisiones. Los mandos medios se limitan a ejecutar las directrices de la alta dirección. En otras organizaciones, sin embargo, las decisiones las toman aquellos que están más cerca de la acción. Los dos grupos se diferencian en el grado en que la autoridad para la toma de decisiones se delega a los niveles bajos de la organización.

> Una organización es centralizada si las decisiones se toman en lo alto de la organización y descentralizada si la responsabilidad de la toma de decisiones se confiere a los empleados de bajo nivel.

El término centralización se refiere al grado en que la toma de decisiones está concentrada en un solo punto de la organización (Robbins y Judge, 2017).

Las organizaciones altamente centralizadas suelen estar mediadas por la creencia por parte de su presidente de que él o ella, junto con la alta dirección, tienen que estar involucrados en casi cualquier decisión que se tome dentro de la organización. La creencia implícita es que ellos son los únicos con la visión, información, conocimientos y habilidades necesarios para tomar las decisiones.

Una organización centralizada es estructuralmente muy diferente a una organización descentralizada. En una organización descentralizada se involucra a más personas en la solución de los problemas, y las decisiones se toman con mayor rapidez.

En las últimas décadas, hemos presenciado una marcada tendencia hacia la descentralización de la toma de decisiones, como parte del esfuerzo que se está haciendo para hacer que las organizaciones sean más flexibles y capaces de dar una respuesta más rápida a las constantes exigencias de un mercado altamente dinámico. Muchas organizaciones están otorgando autoridad a sus empleados de los niveles inferiores para utilizar recursos económicos y organizacionales, cambiar diseños y procedimientos con el objetivo de poder cumplir con las demandas de los clientes.

Lo que está pasando es que las organizaciones están otorgando a sus empleados poder sobre lo que hacen. Esto es lo que se denomina *empowerment*. Término que viene a significar la potenciación de los empleados al otorgarles un completo control sobre su trabajo. Los equipos autogestionados, en los que los empleados operan prácticamente sin supervisores, se han convertido en la tendencia de las últimas décadas.

Robbins y Judge (2017) señalan que la lista de las empresas que se han apuntado a la práctica del *empowerment* incluye famosas corporaciones mundiales como General Electric, Intel, Ford, Saturn, Scandinavian Airlines, Harley-Davidson y Goodyear.

En muchas de las organizaciones actuales, sobre todo en aquellas relacionadas con tecnología especializada, los empleados de nivel inferior tienen más conocimientos sobre los productos y servicios de la empresa que la alta dirección. Por tanto, una organización descentralizada permite una mayor rapidez en la solución de los problemas y, como decíamos, una mejor respuesta a los cambios en las condiciones del entorno.

2.3. ESPECIALIZACIÓN

Las primeras líneas de producción de principios del siglo pasado demostraron la capacidad de fabricar grandes cantidades de productos usando una fuerza laboral con habilidades limitadas. El método consistía en dividir los trabajos en pequeñas tareas estandarizadas que pudiesen ser repetidas una y otra vez. Se demostró que el trabajo podía desempeñarse de forma más eficiente si se permitía que los empleados se especializaran.

Especialización es el grado en el que las tareas organizacionales están subdivididas en trabajos separados. La división del trabajo y el grado en el que las descripciones formales de los trabajos fijan requisitos para el puesto indican el nivel de especialización en la organización.

La especialización se basa en dividir el trabajo en un número de pasos, cada uno completado por diferentes individuos, en vez de que un solo individuo realice toda la tarea. Es decir, los individuos se especializan en realizar parte de una actividad en vez de realizar la tarea completa.

Varias razones apoyan el argumento de la especialización en el trabajo:

- En la mayoría de las organizaciones hay tareas que requieren de habilidades muy desarrolladas y otras que pueden ser desarrolladas por personal poco entrenado. Si todos los empleados tuviesen que involucrarse en todas las etapas del proceso de fabricación, todos deberían tener las habilidades necesarias para desempeñar las tareas más complicadas. Esto implicaría:

  a) Por un lado, que al realizar las tareas más sencillas los empleados más entrenados estarían trabajando bajo su nivel de habilidades.

  b) Por otro, el uso ineficiente de los recursos organizacionales al pagar a trabajadores altamente entrenados para realizar tareas sencillas.

- Otra razón que sustenta la idea de la especialización como mecanismo para la búsqueda de mayores niveles de eficiencia es el hecho de que la repetición de una tarea incrementa el nivel de habilidades en su ejecución. Además, resulta más fácil y económico encontrar y formar a trabajadores para realizar una tarea específica y repetitiva. La formación para una actividad especializada es más eficiente desde el punto de vista de la organización.

A pesar de que el éxito en su introducción llevó a pensar a los directivos que la especialización era una fuente inagotable de productividad, hoy se reconoce que, para algunos trabajos, hay un punto a partir del cual se producen deseconomías humanas por la especialización: fatiga, estrés, baja productividad y baja calidad, absentismo, aburrimiento y alta rotación. Y lo cierto es que estas deseconomías humanas no compensan las ventajas económicas (Robbins y Judge, 2017).

Figura 2.1. Economías y deseconomías de la especialización del trabajo

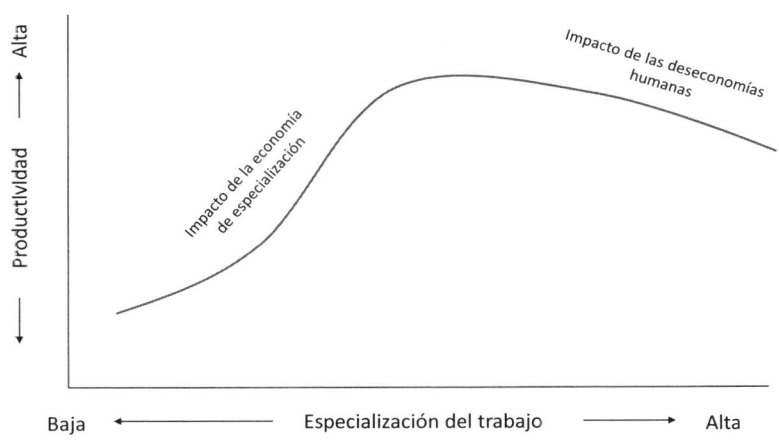

Fuente: (Robbins y Judge, 2017).

En la actualidad, sabemos que hay trabajos para los cuales la especialización produce ventajas económicas y otros para las cuales lo que se produce son problemas. El ejemplo clásico son la mayoría de las tareas en las cadenas de comida rápida, que han hecho un uso eficiente de la especialización. Otras tantas empresas, sin embargo, han sido exitosas ampliando el alcance de los trabajos y reduciendo la especialización.

2.4. ESTANDARIZACIÓN

La estandarización se refiere al grado en el que las actividades laborales están descritas y son ejecutadas de forma rutinaria.

Las organizaciones altamente estandarizadas tienen poca variación en la definición de los trabajos. El objetivo de la estandarización es reducir la incertidumbre y la falta de capacidad de previsión del trabajo organizativo.

Se pueden estandarizar los inputs, los procesos y los outputs:

- **Inputs:** la estandarización de *inputs* puede ser:
  a) **De materias primas**: estandarizar los *inputs* de materias primas garantiza su consistencia.

McDonald's mantiene unas rígidas especificaciones sobre el tipo de carne base que utiliza en sus hamburguesas. De hecho, no solo McDonald's, sino muchos otros establecimientos de comida rápida utilizan un solo conjunto de proveedores, aumentando la homogeneidad de sus suministros y reduciendo las tareas necesarias para su recepción y manipulación. Incluso, en algún caso, se ha llegado a formar a los proveedores para conseguir los estándares deseados por el comprador.

b) **De personal**: la estandarización de *inputs* de personal se consigue a través del proceso de selección o de su formación. La selección de perfiles específicos (por ejemplo, ingenieros informáticos o con un MBA) o de personal con una certificación especial (por ejemplo, enfermeras colegiadas o técnicos de laboratorio) ayudan a la organización a asegurar que los empleados tengan el mismo conocimiento y habilidades para desempeñar sus trabajos. Otras empresas apuestan por una formación estricta y rigurosa.

De hecho, hoy en día hay muchas empresas que cuentan con sus propios centros de formación (Boeing, Motorola, Corporación Mondragón, McDonald's o Disney) en donde se enseña a los empleados formas estándar de desempeñar sus tareas y atender a los clientes.

• **Procesos**: estandarizar la tarea o el proceso que realizan los empleados es otra manera de estandarización.

Una vez más, los establecimientos de comida rápida son un clásico ejemplo de la estandarización procesos. Los procesos de preparación de los alimentos, de limpieza y de atención al cliente están claramente definidos. Al estandarizar los procesos, el establecimiento garantiza que las tareas se realizarán siempre de la misma manera. En los restaurantes de comida rápida, la estandarización provoca un resultado consistente en la atención al cliente, la preparación de los pedidos, la elaboración de los alimentos y, por último, en la presentación del pedido al cliente.

- *Outputs*: por último, el método de estandarización se puede llevar a cabo al estandarizar los *outputs*. El establecimiento de las mismas especificaciones para todos los *outputs* permite desarrollar y mantener niveles específicos de calidad, es decir, estándares. La rigurosa inspección de los productos o servicios (por ejemplo, a través de programas de gestión de la calidad total, TQM) es una forma típica de lograr la estandarización.

2.5. ÁMBITOS DE CONTROL

Una cuestión que ha preocupado mucho tanto a directivos como a académicos es el número de subordinados que un gerente puede supervisar de forma efectiva y eficiente. Esto tiene que ver con el ámbito de control.

El ámbito de control es el número inmediato de puestos de trabajo subordinados que controla o coordina un supervisor o puesto superior.

Un directivo que supervisa a cinco personas tiene un ámbito de control de cinco. Su trabajo consiste en coordinar, integrar y controlar sus actividades.

Por ejemplo, el jefe de tienda de un supermercado supervisaría a todos los demás empleados y controlaría sus actividades. Probablemente sea su responsabilidad la planificación de todas las tareas en el supermercado, asegurarse del cumplimiento de los procedimientos y normas más importantes, así como de otras actividades que garanticen el adecuado funcionamiento del establecimiento.

El ámbito de control es importante porque determina, en gran medida, el número de niveles y directivos que tiene una organización. En una condición de *ceteris paribus* (todo lo demás igual), cuanto más amplio el ámbito, más eficiente es la organización.

Veamos un ejemplo que valida esta afirmación. Tenemos dos organizaciones, ambas con un aproximado de 10.000 empleados de nivel operativo. Tal y como vemos en la Figura 2.2, si una tiene un ámbito uniforme de cinco y la otra un ámbito de diez, el ámbito más amplio tendrá dos niveles menos y aproximadamente 2.000 gerentes menos.

Figura 2.2. Comparación de ámbitos de control

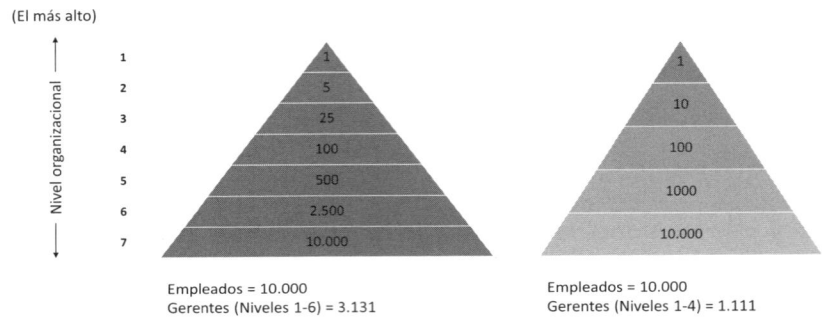

Empleados = 10.000
Gerentes (Niveles 1-6) = 3.131

Empleados = 10.000
Gerentes (Niveles 1-4) = 1.111

Fuente: Adaptado de (Robbins y Judge, 2017).

Si el gerente promedio tiene un sueldo de 50.000€ al año, el ámbito más amplio ahorraría unos cien millones de euros al año en salarios de gerentes. Está claro que los ámbitos más amplios son más eficientes en términos de costes. Ahora bien, hay un punto a partir del cual se reduce la efectividad. Es el punto en el que los supervisores no tienen la posibilidad de proporcionar el apoyo y liderazgo adecuado, provocando una merma en el desempeño de los empleados.

En cualquier caso y más allá de un número específico, que es difícil de fijar, se han identificado una serie de factores que sirven para determinar el ámbito de control que mejor funciona:

- El perfil de la persona que ejerce como supervisor, su habilidad y experiencia como integrador y coordinador.

- El perfil de los supervisados, su habilidad y experiencia.

- La disposición geográfica de la organización, es decir, la dispersión geográfica entre supervisores y supervisados.

- Las características de las actividades de los subordinados (si la tarea es rutinaria, el nivel de interrelación entre los subordinados que participan en la realización de la tarea).

- El tipo de contacto (naturaleza y frecuencia) necesario entre el supervisor y la alta dirección de la organización.

> La conclusión general es que cuanto más preparados están los supervisores y supervisados, más rutinarias las tareas de estos últimos, menor sea la necesidad de interrelación y exista una menor dispersión geográfica, más amplio será el ámbito de control.

Los ámbitos de control pequeños también tienen sus partidarios. Ámbitos de control de menos de seis empleados permiten un mayor control. Sin embargo, los ámbitos de control pequeños tienen varias desventajas:

- El coste aumenta al aumentar el número de niveles de supervisión.

- Una férrea supervisión desestimula la autonomía y creatividad de los empleados.

- Cuantos más niveles de jerarquía se incluyen en la organización, más lento es el proceso de toma de decisiones y más compleja se hace la comunicación.

La tendencia actual a reducir costes, incrementar la flexibilidad, potenciar (*empower*) a los empleados, aumentar la capacidad de respuesta y la velocidad en la toma de decisiones y de acercarse a los clientes apuntan todas ellas a organizaciones con amplios ámbitos de control.

3

Configuraciones estructurales

En el apartado anterior nos centramos en las definiciones y los conceptos básicos de la estructura y el diseño organizacional. Focalizamos nuestra atención en el cómo y en qué medida dividir las tareas y cómo coordinarlas, es decir, en los procesos clave de diferenciación e integración. Abordamos las dimensiones estructurales necesarias para conseguir la configuración deseada en la organización. Ahora dirigiremos nuestra atención a las cuestiones relacionadas con la configuración estructural, es decir, cómo se agrupan las actividades y personas en la organización.

Las dimensiones básicas del diseño organizacional se combinan con la diferenciación y la integración para producir diferentes configuraciones estructurales. Básicamente, el diseño conlleva la toma de decisiones estratégicas sobre cómo agrupar a los empleados o actividades en unidades de trabajo, departamentos o divisiones de la organización.

> Muchas veces las decisiones sobre la estructura son el principal punto de atención de los líderes cuando se habla de diseño de la organización. Pero esto es un error. Un error que puede llegar a ser muy costoso. La estructura es solo uno de los elementos que considerar, porque las organizaciones no son sistemas estáticos, sino más bien, como se ha dicho muchas veces, organismos complejos y adaptativos.

A pesar de que es un error concentrar la atención solo en la estructura, cualquier tarea sobre diseño necesita de una evaluación de su situación actual y de su capacidad para apoyar los resultados futuros (Stanford, 2007). Esta autora sostiene que, al realizar la evaluación, debemos determinar varios aspectos de la estructura actual. Entre ellos menciona:

- ¿Ayuda a la oficina corporativa a agregar valor a la organización?
- ¿Defiende a aquellas unidades que necesitan una cultura distinta?
- ¿Tiene demasiados niveles directivos y unidades?
- ¿Refleja las fortalezas, debilidades y motivaciones de las personas?
- ¿Facilita la realización de controles efectivos?
- ¿Proporciona coordinación entre las unidades que pueden ser problemáticas?
- ¿Facilita el desarrollo de nuestras estrategias?
- ¿Se caracteriza por la flexibilidad necesaria para adaptarse al cambio?

El hecho es que las estructuras organizacionales han evolucionado a partir de la evolución de diferentes modelos organizacionales y estos, a su vez, a partir del desarrollo de la teoría organizacional.

Las organizaciones más maduras se estructuraron para reflejar la realidad de su entorno, en el que la estandarización del trabajo y el aprovechamiento de las economías de escala eran los factores de competitividad predominantes. Las oficinas centrales percibían la necesidad de ejercer un férreo control sobre las divisiones, unidades de negocio y departamentos.

Esta perspectiva, algunas veces llamada mecanicista, de las organizaciones dio paso después de varios estadios evolutivos a la concepción de las organizaciones como un sistema. Los cambios en alguna parte del sistema producen cambios en la totalidad, y las interacciones dentro del sistema son inherentemente complejas por los constantes cambios en el entorno. Esta nueva concepción de las organizaciones enfatiza la necesidad de centrarse en los procesos, en la colaboración de las diferentes unidades y en las tareas horizontales.

Pasamos ahora a describir algunos de los diseños organizacionales más comunes. Cada una de estas configuraciones afecta de forma diferente a las personas en las organizaciones.

3.1. ESTRUCTURA SIMPLE

La estructura simple es común a muchas organizaciones grandes y pequeñas.

La estructura simple es una organización con un bajo nivel de departamentalización, amplios ámbitos de control, la autoridad centralizada en una sola persona y poca formalización.

La organización se caracteriza además por tener poco personal técnico y de apoyo y un mínimo de diferenciación vertical. La coordinación se consigue a través de una supervisión directa, muchas veces por parte del ejecutivo en el nivel más alto de la organización.

Un ejemplo de una estructura simple es una pequeña tienda de *delicatessen* en la que los dueños (marido y mujer) supervisan a tres empleados. En la Figura 3.1 se puede ver un típico organigrama de una estructura simple.

La fortaleza de una estructura simple radica en su simplicidad. Es rápida, flexible, económica de mantener y las responsabilidades son claras y bien definidas.

Como hemos dicho, la estructura simple no se limita únicamente a pequeñas organizaciones. Lo que sucede es que es muy complicado que funcione en empresas grandes. Incluso una organización con solo treinta personas puede convertirse en disfuncional, si mantiene una estructura simple por un largo periodo (Nelson y Quick, 2013).

La estructura simple se encuentra comúnmente en los pequeños negocios en los que el gerente es también el dueño del negocio.

Figura 3.1. Estructura simple

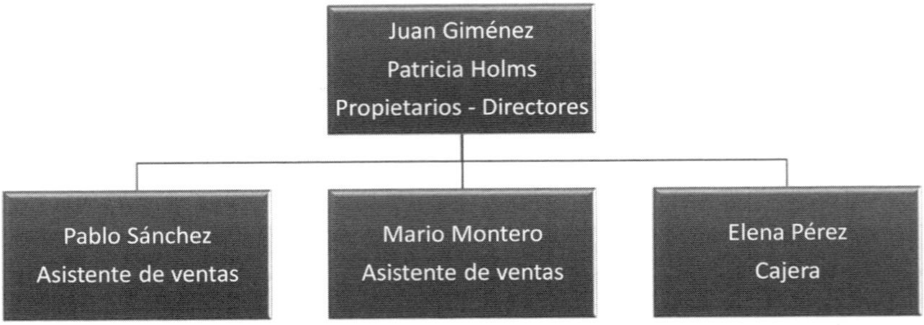

Fuente: Elaboración propia.

Su principal debilidad es que en cuanto la organización crece, se complican las cosas. La baja formalización y la alta centralización dificultan el flujo de la información. La toma de decisiones se puede ralentizar ante la incapacidad del único ejecutivo para tomar todas las decisiones.

3.2. ESTRUCTURA FUNCIONAL

La estructura funcional es la estructura tradicional en la que el trabajo se divide basándose en las funciones que realizan los empleados y el equipo que utilizan. Las categorías que se utilizan para la diferenciación son las funciones de las unidades estratégicas de negocio, como producción, marketing, finanzas y recursos humanos.

El departamento de recursos humanos de una empresa puede servirnos como ejemplo de una estructura funcional. En el departamento podemos subdividir los puestos en unidades, como selección y formación, desarrollo de personal, retribución y beneficios sociales. Estas funciones requieren de diferentes perfiles profesionales con conocimientos y habilidades especializados. El personal de cada una de estas subfunciones comparte tareas similares y utiliza los mismos conocimientos y habilidades y el mismo equipo.

Lo mismo podríamos decir de unos trabajadores en una línea de producción. Los trabajadores que poseen las mismas habilidades y que utilizan el mismo equipo estarán agrupados conjuntamente. Por ejemplo, los trabajadores en una empresa comercializadora de productos agrícolas pueden agruparse en recolectores, selección y envasado y técnicos de calidad. Estos grupos se basan en las habilidades funcionales de sus miembros (por ejemplo, conocimientos en la manipulación y envasado de alimentos) y el equipo que utilizan (por ejemplo, máquinas envasadoras).

La estrategia sobre la que se basa la estructura funcional es la maximización de los márgenes a través de la potenciación de las economías de escala y la expertica funcional. Según Stanford (2007), las estructuras funcionales son efectivas cuando:

- Existen mercados estables y poco diferenciados en los que se conocen bien las necesidades de los clientes.
- Las líneas de producción son pequeñas y sencillas.
- La cultura corporativa es exitosa y está focalizada en el control.
- Existen largos desarrollos de productos y ciclos de vida.
- La organización trabaja con estándares comunes.
- Cada función tiene un nivel de especialización.

En una configuración funcional todos los departamentos asumen la responsabilidad sobre los resultados de la organización.

La Figura 3.2 ilustra una organización funcional de producción.

La principal fortaleza de agrupar a las personas sobre la base de sus conocimientos y habilidades es el desarrollo de un alto grado de experiencia funcional. A esto debemos aunar una comunicación optimizada por el hecho de compartir unos códigos y lenguaje comunes.

Por otra parte, esta misma fortaleza se convierte en debilidad cuando se trata de la comunicación entre diferentes departamentos funcionales:

- Todos los factores que facilitan la comunicación intradepartamental pueden convertirse en obstáculos en la comunicación interdepartamental.
- La coordinación entre funciones es esencial porque las organizaciones no funcionan como compartimentos estancos. Por tanto,

la miopía funcional puede convertirse en una gran debilidad para la organización. Esto tiene que ver con la clásica lucha entre departamentos por determinar cuál es más importante. El problema es que las metas y objetivos organizacionales no están expresados en funciones. Más bien, la consecución de los objetivos organizacionales requiere de amplia participación y coordinación interfuncional.

• Finalmente, la incapacidad para tener una visión integradora e interfuncional de la organización, se convierte en una gran desventaja al inhibir la innovación.

Figura 3.2. Diferenciación funcional de producción

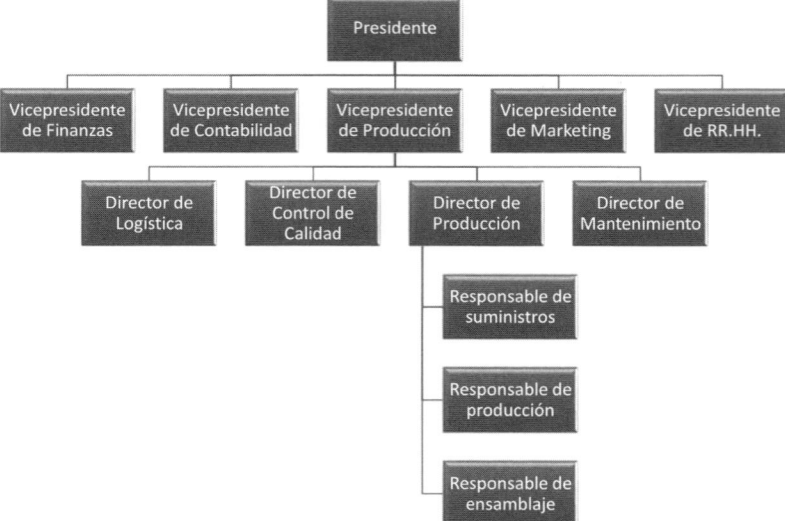

Fuente: Elaboración propia.

3.3. BUROCRACIA

Las burocracias basan su actividad en procesos de trabajo estandarizado, garantizando así la coordinación y el control. La estandarización es el concepto clave que subyace a todas las burocracias.

La burocracia es una estructura con tareas operativas altamente rutinizadas a través de la especialización, reglas y regulaciones muy formales, tareas agrupadas en departamentos funcionales, autoridad centralizada, estrechos ámbitos de control y un proceso de toma de decisiones que sigue la cadena de mando.

Nelson y Quick (2013) distinguen entre lo que ellos llaman la «máquina burocrática» y la «burocracia profesional».

La máquina burocrática es una organización con un personal técnico y de apoyo bien definido a partir de las operaciones de la organización, una toma de decisiones caracterizada por una descentralización horizontal limitada y una jerarquía de autoridad bien definida.

Los autores sugieren que la característica distintiva de la máquina burocrática es un poderoso personal técnico:

- Existe una fuerte formalización a través de políticas, procedimientos, reglas y regulaciones.

- La coordinación se consigue a través de la estandarización de los procesos de trabajo.

- Su principal fortaleza es la eficiencia de las operaciones en entornos estables y de pocos cambios.

- La mayor debilidad es la lentitud de respuesta a los cambios externos.

Un ejemplo de máquina burocrática es una línea de ensamblaje de electrodomésticos con tareas operativas rutinizadas.

La burocracia profesional es una forma organizacional descentralizada que enfatiza el nivel operativo y la estandarización de las habilidades. En la burocracia profesional se enfatiza la expertia de los profesionales en el núcleo operativo de la organización. Existe diferenciación vertical y horizontal. El personal técnico y de apoyo sirve a los profesionales. La coordinación se consigue a través de la estandarización de las habilidades de los profesionales.

Un buen ejemplo de burocracia profesional son las universidades y algunas de las empresas más grandes de consultoría empresarial. En las universidades, por ejemplo, los profesores tienen amplia libertad para realizar su trabajo, basado en su entrenamiento profesional.

Las características básicas de la burocracia, la especialización y la alta formalización todavía están presentes en muchas de las grandes organizaciones. Sin embargo, la tendencia en los últimos años ha sido ampliar los ámbitos de control, descentralizar la autoridad y sustituir a los departamentos por equipos interdisciplinarios. Por otro lado, muchas burocracias han sido dividas en miniburocracias más pequeñas y funcionales (Robbins y Judge, 2017).

3.3.1. Fortalezas y debilidades

La principal fortaleza de la burocracia es su habilidad para desarrollar actividades estandarizadas de forma altamente eficiente:

- Como en la estructura funcional, en la burocracia se aprovecha la agrupación de individuos con especialidades similares, lo que resulta en economías de escala, empleados que utilizan el mismo idioma (jerga técnica) y una mínima duplicación de personal y equipos.

- La innovación y la experiencia en la toma de decisiones se hacen innecesarias al estandarizar y formalizar las operaciones.

- Las reglas y las regulaciones sustituyen la discreción gerencial.

Quizás la mayor debilidad de la burocracia es la estricta y algunas veces obsesa fijación con las reglas, algo que todos hemos experimentado al tratar con personas que trabajan en este tipo de organizaciones:

- No se contempla la casuística y, por tanto, cuando una situación se aparta de la rutina normal, se dificulta (a veces imposibilita) su tratamiento.

- Los problemas que se escapan de las reglas de decisión programadas hacen que este tipo de organizaciones se comporten de forma ineficiente.

3.4. FORMA DIVISIONAL

La forma divisional es una forma moderadamente descentralizada de organización que tiende hacia la estandarización de los *outputs* y representa un punto medio con respecto a las demás alternativas de configuración.

Es una estructura compuesta por divisiones, cada una de las cuales puede tener su propia configuración. La estructura pretende facilitar la capacidad de respuesta de las divisiones al mercado en el que operan.

> Aquí los mandos medios son la parte clave de la organización, y existe una descentralización vertical. En este tipo de organización cada división puede tomar una forma diferente; una puede tener una estructura simple, otra una burocracia profesional y aún otra tener una estructura funcional.

Algunos autores, como Stanford (2007), sugieren una clasificación de la estructura divisional por:

- Producto.
- Geográfica o mercado.
- Procesos.
- Clientes.

3.4.1. Estructura divisional por producto

Esta es la estructura más adecuada cuando existen pocas sinergias entre los compradores y los canales de distribución de las diferentes divisiones de una organización. La división por productos se utiliza generalmente para organizaciones cuyas divisiones operan unidades estratégicas de negocios independientes. Este tipo de estructura es efectiva cuando:

- Existen canales de distribución y procesos de compra diferentes.
- Existen entornos competitivos diferentes.
- Los ciclos de vida del producto y los periodos de desarrollo son cortos.

- Los grupos de interés no contemplan sinergias entre los productos.

- Los requisitos operativos son diferentes.

- No existen o son escasas las economías de escalas por funciones.

La Figura 3.3 muestra una estructura divisional por producto.

Figura 3.3. Estructura divisional por producto (empresa de informática)

Fuente: Elaboración propia.

3.4.2. Estructura divisional geográfica o por mercado

Muchas organizaciones al enfrentar su proceso de expansión nacional e internacional optan por organizarse por mercados geográficos, como una alternativa que les permite responder de forma más efectiva y eficiente a las características, culturas y peculiaridades operacionales de cada mercado. Esta orientación estratégica corresponde a una concepción geocentrista del negocio:

- La prioridad es la optimización de la red global de actividades de la empresa.

- Se entrena a los directivos locales, además de contar con ejecutivos de cualquier parte del mundo.

La estructura divisional geográfica o por mercados es efectiva cuando:

- Las características políticas, sociales, tecnológicas y culturales de los mercados son diferentes.

- La organización percibe la necesidad de ofrecer una atención y apoyo cercano al cliente.

- Cuando la estrategia de la organización es ser percibida como una organización local.

- Los costes logísticos son altos y su relación con el valor del producto hace ineficiente su transporte a largas distancias.

Un ejemplo de estructura divisional geográfica es The Coca-Cola Company, la empresa de bebidas, que fabrica, comercializa y vende diversas bebidas no alcohólicas en más de 200 países y territorios. La empresa ofrece refrescos espumosos, sabores espumosos; agua, deportes, café y té; jugos, lácteos con valor agregado y bebidas vegetales y otras bebidas. También ofrece concentrados de bebidas y jarabes, así como jarabes para fuentes a minoristas, como restaurantes y tiendas de conveniencia.

Figura 3.4. Estructura divisional geográfica. Organigrama de Coca-Cola

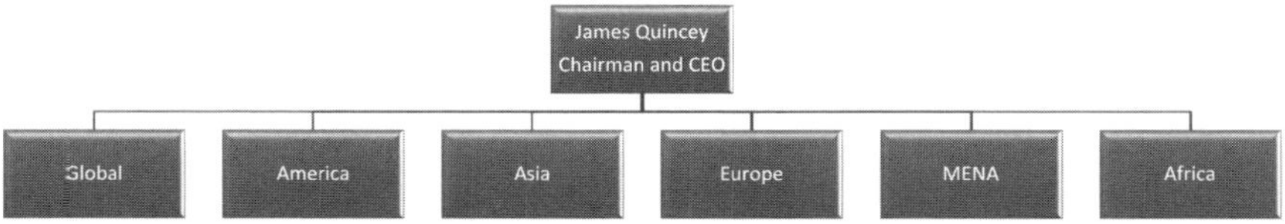

Fuente: https://www.organimi.com/

3.4.3. Estructura divisional por procesos

Este tipo de estructura responde a la necesidad de dar importancia a los procesos centrales de la organización.

Los servicios de atención al cliente y de apoyo interno en la organización pueden ser estructurados de esta manera.

Este tipo de estructura es útil cuando:

- Hay poca interrelación entre los procesos centrales.
- Los procesos de atención a clientes (internos y externos) están bien definidos.
- Se prevé la posibilidad de cambios en los procesos existentes o de incorporación de nuevos procesos.
- Existe la necesidad de reducir los tiempos en los procesos.

La Figura 3.5 ilustra un ejemplo de estructura divisional por procesos.

Figura 3.5. Estructura divisional por procesos (compañía eléctrica)

Fuente: Stanford (2007).

3.4.4. Estructura divisional por clientes

El imperativo para que este tipo de estructura divisional por clientes funcione es que existan claros segmentos de clientes. Es decir, que esté bien definida la cartera por perfiles demográficos, necesidades, distribución y otras características.

La estructura divisional por clientes funciona cuando:

- Hay unos segmentos de clientes bien identificados.

- En necesaria una rápida atención a la cartera de clientes.

- Existe una fuerte cultura de marketing en la organización.

- Se comercializan productos o servicios a segmentos únicos de clientes.

- Se puede sacar ventaja del conocimiento del cliente.

> En definitiva, todas las categorías de estructura divisional se basan en el *output*, y las configuraciones que surgen como resultado están formadas por unidades de negocio que se dedican a productos, servicios, zonas o regiones geográficas de clientes o grupos de clientes con características diferenciales.

La ventaja principal de estas estructuras es que están enfocadas a los consumidores y los requerimientos específicos del producto. Su diseño permite, con mayor facilidad que otras configuraciones, la adaptación a las necesidades de cada producto, a nuevos posibles diseños de producto, así como a las demandas del consumidor.

A pesar de sus ventajas, las estructuras divisionales tienen la principal desventaja de duplicar muchas funciones y estructuras para lograr satisfacer las necesidades de cada división. Esto disminuye el potencial para crear economías de escala, lo que puede repercutir en la infrautilización de instalaciones y capital humano.

Por ejemplo, es muy común tener que crear un departamento de marketing para cada división, ya que ninguna de ellas posee el nivel de competencia necesario para abordar cada mercado.

Un diseño divisional puede además disminuir la habilidad de la organización para intercambiar información y recursos entre los departamentos o divisiones. La falta de coordinación o cooperación puede surgir como consecuencia de problemas de comunicación, o bien como producto de una competencia interna entre divisiones. Aunque cierto nivel de competencia puede reforzar la eficiencia entre las divisiones, una competencia desmedida puede resultar contraproducente para toda la organización.

3.5. ESTRUCTURA MATRICIAL

Otra opción de diseño organizacional que es muy común es la estructura matricial. En el diseño, la matriz combina la departamentalización por producto (*output*) y la departamentalización funcional.

Este diseño es común a universidades, empresas de consultoría, entes gubernamentales, hospitales y agencias de publicidad, entre otras organizaciones.

La característica principal de la matriz es que rompe con la unidad de mando. Los empleados en la matriz tienen dos jefes —su gerente del departamento funcional y su gerente del departamento de producto—. A esto se le ha denominado estructura de autoridad dual.

El objetivo de la estructura matricial es proporcionar a la cartera de clientes soluciones innovadoras, surgidas de la combinación de las habilidades de individuos altamente capacitados integrados en equipos interdisciplinarios.

En función de las necesidades, los recursos funcionales se destinan a los productos, programas o proyectos. Las personas con habilidades funcionales de diferentes áreas se mueven de un proyecto a otro. Lo mismo sucede con los directores de producto, que pueden tener variadas necesidades funcionales (por ejemplo, variaciones en las especificaciones del producto).

La Tabla 3.1 muestra una estructura matricial tal y como es usada en una escuela de negocios.

En la estructura matricial de la escuela de negocios podemos ver las unidades funcionales formadas por los departamentos de contabilidad, finanzas, marketing, economías, etc. Además, vemos los productos, que en este caso son los programas específicos que se dictan en la escuela. En esta situación, los miembros de la estructura matricial tienen una dualidad de tareas —con sus departamentos funcionales y con sus grupos de producto—. Es decir, un profesor de marketing que dicta cursos en el programa de maestría tiene que informar al director de la maestría, así como al director del departamento de marketing.

Tabla 3.1. Estructura matricial de una escuela de negocios

		Programas			
		Grados	Másteres	Doctorados	Educación ejecutiva
Departamentos	Marketing				
	Contabilidad				
	Finanzas				
	Organización de empresas				
	Emprendimiento				

Fuente: Elaboración propia.

3.5.1. Fortalezas y debilidades

Organizaciones con actividades múltiples, complejas e interconectadas pueden beneficiarse de las facilidades de coordinación que permite la estructura matricial. De hecho, esta es una de sus grandes fortalezas:

- La comunicación en la estructura matricial se ve favorecida por los contactos frecuentes y directos entre personas de diferentes especialidades. Esto también aumenta la flexibilidad y la capacidad de respuesta de la organización. Esta flexibilidad del diseño matricial hace que sea conveniente cuando el entorno de la empresa es complejo y cambiante. Permite enfatizar en aquellos productos, proyectos o programas que así lo necesiten según las circunstancias. Esto en oposición a las burocracias, por ejemplo, en donde la complejidad produce mayor formalización.

- La estructura matricial también facilita una mayor eficiencia en la ubicación de especialistas. Generalmente, los individuos con habilidades altamente especializadas son monopolizados e infrautilizados en departamentos funcionales. La matriz aprovecha economías de escala al proporcionar a la organización con los mejores recursos, asegurándose de lograr la mayor eficiencia en su ubicación (Robbins y Judge, 2017). Es decir, la organización matricial favorece que el conocimiento experto y otros recursos funcionales estén a disposición en el lugar y en el momento adecuados.

- El diseño matricial se adapta bien a tareas altamente interconec-tadas. Esta ventaja se refleja en su capacidad de dar una respuesta simultánea tanto a la necesidad de conocimientos específicos y de carácter funcional como a los requerimientos por parte del mercado de *outputs* variados y especializados.

La principal desventaja de la matriz tiene que ver con su propensión a crear conflictos y luchas de poder; la confusión que puede crearse como consecuencia y el estrés que esto puede causar en los empleados:

- El resultado de desdeñar el concepto de unidad de mando puede ser el incremento de la incertidumbre y la ambigüedad y estas suelen conducir al conflicto.

- La incertidumbre y la ambigüedad también suelen ser la base para las luchas de poder.

Por ejemplo, un empleado que se vea en la situación de no saber con exactitud a quién debe informar y rendir cuentas puede sentirse inseguro y confundido acerca de lo que se espera de su trabajo. Los individuos que buscan seguridad y estabilidad no se encontrarán a gusto en este tipo de clima laboral.

En la Tabla 3.2 podemos ver otro ejemplo de diseño matricial basa-do en productos.

Tabla 3.2. Estructura matricial de productos

		Productos			
		Productos de papel	Comidas congeladas	Cuidado personal e higiene	Productos perecederos
Departamento de marketing	Investigación de mercado				
	CRM				
	Distribución				
	Ventas				
	Publicidad				
	Promociones				

Fuente: Elaboración propia.

En la Tabla 3.3 podemos ver un diseño matricial basado en proyectos.

Tabla 3.3. Estructura matricial de proyectos

		Proyectos		
		Proyecto Alpha	Proyecto Beta	Proyecto Gamma
Departamento de producción	Diseño			
	Fabricación			
	Logística			
Investigación de mercados	Departamento de marketing			
	Distribución			
	Promoción			

Fuente: Elaboración propia.

4

Evolución en las opciones de diseño

Las configuraciones que hemos visto hasta ahora han funcionado como modelos para las organizaciones durante muchos años. Sin embargo, a partir de la década de los ochenta del siglo pasado, se han venido desarrollando nuevas opciones estructurales que permiten a las organizaciones competir de forma más efectiva. La motivación detrás de estos desarrollos son los cambios radicales en el entorno:

a) En primer término, tenemos los avances en la tecnología de la información y las telecomunicaciones. La tecnología es cada vez más rápida, barata y accesible para más personas. Estos cambios tecnológicos han transformado radicalmente la forma de trabajar de las personas. Los avances en la automatización de los procesos han traído como consecuencia una disminución de la mano de obra necesaria para la realización de muchas tareas que antes debían ser llevadas a cabo por recursos humanos.

b) Por otro lado, la tecnología ha permitido increíbles avances en los sistemas de fabricación (SMED o *Single Minute Exchange of Die*), mantenimiento y de gestión de inventarios y de producción (JIT–*Just in Time*).

c) Finalmente, estas tecnologías también han incrementado y facilitado enormemente la comunicación a nivel mundial. Esta globalización del entorno competitivo, junto con los otros cambios que hemos mencionado, ha motivado y en algunos casos impulsado la necesidad de las organizaciones por adoptar nuevos diseños estructurales.

4.1. LA ESTRUCTURA DE EQUIPO

El uso de equipos para la organización de actividades laborales se ha extendido a muchas organizaciones. Se tiene una estructura de equipo cuando la dirección de la empresa decide la utilización de equipos como su mecanismo central de coordinación.

> La estructura de equipos tiene la característica principal de descentralizar la toma de decisiones a nivel del equipo de trabajo y de traspasar las fronteras departamentales. Este tipo de configuración requiere que los empleados sean, a la vez, generalistas y especialistas.

Muchas empresas pequeñas están organizadas alrededor del concepto de equipo y estos tienen la total responsabilidad de la mayoría de las actividades y operaciones de la empresa.

Las empresas grandes también complementan sus estructuras burocráticas con el uso de equipos de trabajo.

La flexibilidad que caracteriza esta configuración ha ayudado a fabricantes de coches (Ford y Chrysler), aviones (Airbus y Boeing) y equipos informáticos (IBM y HP) a mejorar su productividad operacional a través del uso de equipos interdisciplinarios.

4.2. LA ORGANIZACIÓN VIRTUAL

Es una organización, típicamente pequeña, que externaliza muchas de sus funciones:

- La organización tiene un núcleo central que realiza algunas funciones críticas para las que tiene una particular ventaja competitiva, y las demás funciones las llevan a cabo otras empresas o trabajadores con los que se han constituido convenios o alianzas.

- Estos convenios o alianzas se basan en la optimización de los beneficios y la productividad.

- En términos estructurales, la organización virtual es altamente centralizada y tiene muy poca o ninguna departamentalización. Este tipo de configuración también recibe la denominación de organizaciones en red y organizaciones en trébol.

Un ejemplo muy citado de organización virtual es Dell Computer. Dell no es propietaria de ninguna planta de producción y solamente se limita al ensamblaje de ordenadores a partir de partes fabricadas por otras empresas. El núcleo de las competencias de Dell está en el marketing (diseño, distribución y servicios postventa). Esta estructura le permite a Dell utilizar sus recursos en estas competencias centrales en vez de tener que invertirlos en instalaciones de producción. Otras empresas, como Nike, Reebok y Liz Claiborne, son de los muchos miles que han conseguido ingentes beneficios sin necesidad de tener instalaciones productivas en propiedad.

Lo que busca la organización virtual es el máximo de flexibilidad. Las organizaciones virtuales crean redes de relaciones que les permiten contratar la fabricación, comercialización, distribución, servicios de atención al cliente y cualquier otra función empresarial que los directivos crean que otros pueden hacer mejor o más barato.

Sin embargo, tiene ciertas desventajas:

- La organización central en este tipo de configuración tiene menos control que una empresa que utilice una configuración convencional. El control y seguimiento de las empresas o trabajadores externos puede resultar más complicado que si estos fuesen internos. Por tanto, deben sopesarse las necesidades de especialización y flexibilidad con las necesidades de control en las actividades de la empresa.

- Otra desventaja comúnmente citada acerca de estas organizaciones tiene que ver con la posibilidad de pérdida de poder a favor de las empresas que realmente producen los productos.

La Figura 4.1 muestra una organización virtual en la que la dirección ha externalizado la mayoría de las funciones del negocio.

Figura 4.1. Una organización virtual (empresa de consultoría)

Fuente: Elaboración propia.

El núcleo central de la organización es un pequeño grupo de ejecutivos cuya responsabilidad es supervisar directamente cualquier actividad que se realice dentro de la empresa y coordinar las relaciones con las otras personas u organizaciones que llevan a cabo las actividades periféricas. Las flechas en la figura indican aquellas actividades que se llevan a cabo bajo contrato. Los directivos de las organizaciones virtuales ocupan gran parte de su tiempo coordinando y controlando las relaciones externas.

4.3. LA ORGANIZACIÓN SIN FRONTERAS

La organización sin fronteras es una organización que busca eliminar la cadena de mando, tener un ámbito de control sin límites y reemplazar los departamentos por equipos potenciados (*empowered*).

Al prescindir de las estructuras verticales, la dirección aplana las jerarquías. Se minimizan, por tanto, los rangos y el estatus.

> Algunos de los intentos por establecer organizaciones sin fronteras han establecido equipos interjerárquicos (que incluyen miembros de la alta dirección, gerentes medios, supervisores, y empleados operadores), prácticas de toma de decisiones participativas y la utilización de evaluaciones de 360 grados (en donde cada uno evalúa el desempeño del otro).

La organización de actividades por procesos y el establecimiento de equipos interdisciplinarios son otros ejemplos de las prácticas gerenciales llevadas a cabo con la intención de acabar con las fronteras departamentales. La rotación del personal por diferentes áreas funcionales también reduce las barreras horizontales y transforma a los especialistas en generalistas.

Por supuesto, los avances en la tecnología de la información y las telecomunicaciones son clave para el desarrollo de las organizaciones sin fronteras.

La Fundación Europea para la Mejora de las Condiciones de Vida y de Trabajo (Eurofound, 2020), la agencia de la Unión Europea cuyo cometido es ofrecer conocimientos para contribuir a la articulación de mejores políticas sociales y en materia de empleo y trabajo, lanzó una encuesta electrónica en abril de 2020 para conocer los cambios más inmediatos durante la pandemia del COVID-19 y su impacto. El objetivo del estudio era ayudar a dar forma a la respuesta a esta crisis sanitaria con repercusiones económicas inevitables. Con una muestra de más de 86 mil personas y casi 63 mil respuestas, la encuesta *online* abarcó todos los países de la UE27 y el Reino Unido. Entre otros interesantes hallazgos, los resultados de la encuesta confirman un aumento en el teletrabajo. Casi 4 de cada 10 empleados comenzaron a trabajar a distancia. De los que trabajan actualmente en la UE, más de un 37%

comenzaron a teletrabajar como resultado de la pandemia. Por encima del 30% en la mayoría de los Estados miembros. Los países nórdicos y del Benelux presentaron las mayores proporciones de trabajadores que pasaron a trabajar desde casa. En Finlandia cerca del 60%, y más del 50% en Luxemburgo, los Países Bajos, Bélgica y Dinamarca. En Irlanda, Suecia, Austria e Italia las cifras son de un 40% o más (Toro Dupouy, 2020).

La ejecutiva de compras de Domino's Pizza que realiza su trabajo desde su casa en Orlando (Florida) o el profesor que dicta sus cursos *online* para alumnos repartidos por todo el mundo desde su despacho en Madrid como parte del claustro de una escuela de negocios con sede en Barcelona son solo dos ejemplos prácticos de los millones de personas que realizan sus actividades laborales fuera de las fronteras físicas de sus organizaciones. El correo electrónico, los mensajes instantáneos, los sistemas de trabajo colaborativo (p.ej., Teams de Microsoft) y los sistemas de videoconferencia (p.ej., ZOOM) son herramientas que permiten a los empleados comunicarse y compartir información con el resto de la organización, independientemente de su ubicación geográfica.

Y la comunicación no es solo intraorganizacional, también lo es interorganizacional. Ataduras estructurales, como el EDI (*Electronic Data Interchange*), permiten a redes interorganizaciones formar cadenas de valor en las que se controlan y monitorean los niveles de inventarios en tiempo real.

5

Modelo orgánico versus mecanístico

Los diseños organizacionales que hemos descrito en los apartados anteriores podrían conceptualizarse en un continuo en el que en un extremo ubicaríamos a los diseños altamente estructurados y estandarizados, y en el otro, a los diseños amorfos y sin fronteras.

Algunos autores han definido dos extremos estructurales en las posibilidades de diseño organizacional (Burns y Stalker, 1961; Courtright, Fairhurst y Rogers, 1989):

- En un extremo tenemos el modelo mecanístico. Generalmente se asocia con los sistemas altamente departamentalizados, con alta formalización, comunicaciones principalmente unidireccionales (de arriba hacia abajo) y poca participación de los niveles bajos en la toma de decisiones.

- En el otro extremo está el modelo orgánico. Este modelo se parece a la organización sin fronteras. Se caracteriza por equipos interdisciplinarios y de varios niveles jerárquicos, poca formalización, comunicaciones bidireccionales (de arriba hacia abajo y de abajo hacia arriba) y una alta participación de todos los niveles en los procesos de toma de decisiones. El modelo orgánico tiene una estructura plana.

El porqué unas organizaciones están diseñadas más hacia un extremo o hacia el otro tiene que ver con una serie de variables que determinan la estructura organizacional.

6

Variables contextuales

¿Cuáles son las variables que influyen en el diseño organizacional? Existen una serie de fuerzas identificadas como determinantes de la estructura organizacional. Las dimensiones básicas del diseño y las configuraciones estructurales se dan en un contexto organizacional. Es decir, existen una serie de determinantes que hacen que los diseños organizacionales sean más o menos apropiados según el contexto interno y externo de la organización. Estos son:

- El tamaño de la empresa, la tecnología que la empresa utiliza.
- Las condiciones del entorno que la firma afronta.
- Sus metas y objetivos estratégicos.

Al cambiar el contenido de la organización, también debería cambiar su diseño estructural. Más aún, será en función del grado en los cambios de las variables contextuales a través de la vida de la organización, que deberá producirse el nivel de cambio en las dimensiones básicas de la estructura organizacional.

6.1. TAMAÑO DE LA ORGANIZACIÓN

Cuando hablamos de tamaño en el contexto del diseño de una estructura organizacional, la definición apropiada se refiere al número total de empleados. El número de relaciones interpersonales es una medida necesaria para estructurar de forma efectiva y eficiente una organización.

El servicio postal de cualquier país desarrollado nos puede dar una idea de la influencia que el tamaño tiene en la estructura organizacional. Por ejemplo, la Sociedad Estatal Correos y Telégrafos de España tiene más de 53.000 empleados, que difícilmente podrían ser dirigidos por unos pocos gerentes o en unas pocas oficinas. De hecho, Correos tiene más de 10.500 puntos de acceso a sus servicios. Evidentemente, una organización de este tipo tiene un alto grado de especialización, departamentalización, y utiliza un gran número de procedimientos y regulaciones que garantizan un elevado nivel de homogeneidad en sus servicios. En contraposición, un servicio de mensajería local en una ciudad pequeña seguramente no necesitará una toma de decisiones descentralizada o procedimientos y regulaciones excesivamente formales.

El tamaño de la organización tiene una importante influencia sobre su estructura. Esto no se discute. Sin embargo, su nivel de influencia sí ha sido motivo de discusión.

Algunos investigadores lo han identificado como la variable más importante a la hora de decidir sobre el tamaño y la estructura de la organización (Meyer, 1972). Otros cambios de estrategia, como la expansión del negocio, la decisión de cerrar operaciones o de disminuirlas, también provocan ajustes en el tamaño de las organizaciones.

> Existen, por tanto, suficientes pruebas para argumentar que el tamaño de la organización influye de forma determinante en su estructura. Sin embargo, la relación no es lineal. Más bien, el tamaño afecta a la estructura en tasas decrecientes. Esto es, la influencia del tamaño es menos importante mientras crece la organización.

Es decir, para una organización de más de 4.000 empleados, la adición de 500 empleados más, seguramente no tendrá un mayor impacto en su estructura. Por otro lado, añadir 500 personas a una organización que tiene solo 200, seguramente provocará cambios estructurales.

Nelson y Quick (2013) sostienen que el nivel de influencia que el tamaño ejerce sobre la estructura de la organización no es tan importante como la relación entre el tamaño y las dimensiones del diseño. Según estos autores, existe una relación entre cada una de las dimensiones básicas del diseño y el tamaño de la organización.

Para un adecuado control de las actividades de una organización grande son necesarias grandes dosis de formalización, especialización y estandarización.

Tabla 6.1. Relación entre el tamaño organizacional y las dimensiones básicas del diseño

DIMENSIONES BÁSICAS DEL DISEÑO	ORGANIZACIONES PEQUEÑAS	ORGANIZACIONES GRANDES
Formalizacion	Menos	Más
Centralización	Alta	Baja
Especialización	Baja	Alta
Estandarización	Baja	Alta
Ámbitos de control	Bajo	Alto

Fuente: Adaptado de Nelson y Quick (2013).

Las organizaciones grandes se caracterizan por tener muchas reglas, políticas y procedimientos escritos, puestos de trabajos detallados y mucha documentación que describe las actividades de la organización. Este tipo de organización necesita de una alta dosis de formalización y de procesos estandarizados para una adecuada gestión de su estructura.

Las franquicias suelen tener muchos manuales que describen cómo fabricar sus productos o prestar sus servicios, cómo tratar con proveedores, cómo atender a los clientes, cómo hacer mantenimiento a las instalaciones, etc. La homogeneidad en la calidad del producto o los servicios se garantiza con estos niveles de formalización, estandarización y especialización.

Por el contrario, en un establecimiento independiente, la experiencia del cliente puede ser cada vez diferente, lo que evidencia una falta de estandarización.

Otra de las dimensiones básicas del diseño que se relaciona con el tamaño es el ámbito de control. Al crecer la organización, aumenta su complejidad y se hace necesario el añadir más niveles jerárquicos de autoridad. Esto previene que se extienda demasiado el ámbito de control.

La descentralización en los procesos de toma de decisiones también se ve favorecida por la formalización y la especialización. Estas dimensiones básicas del diseño sirven para establecer los parámetros para la toma de decisiones a lo largo de la organización. Las organizaciones grandes se caracterizan por su complejidad y gran número de decisiones, y es imposible que todas se tomen en lo alto de la organización.

Solo hace falta pensar en el caos que implicaría que el actual presidente de RENFE, Raúl Blanco Díaz (desde febrero de 2023), tuviese que tomar todas las decisiones sobre trenes, comida, billetes y procedimientos para todas las líneas ferroviarias.

En definitiva, no hay una respuesta única para el problema de balancear las dimensiones básicas del diseño y su relación con el tamaño de la organización.

6.2. TECNOLOGÍA

La tecnología con la que cuenta la organización es una variable contextual importante a la hora de determinar su estructura.

La tecnología se define como las acciones, técnicas y herramientas que utiliza la organización para transformar los *inputs* en *outputs*. El factor humano, la maquinaria, los materiales, la información y el capital son algunos de los *inputs* con los que cuentan las organizaciones. Los *outputs* son los productos y servicios que ofrece la organización. Todas las organizaciones cuentan con al menos una tecnología para convertir estos recursos humanos, financieros y físicos en productos o servicios.

Algunas empresas utilizan líneas de producción para hacer sus productos. Otras organizaciones, como un centro de atención psicológica, utilizan diversas metodologías (por ejemplo, terapias conductuales) para conseguir sus *outputs*.

Las organizaciones grandes suelen utilizar más de una tecnología. De hecho, cuanto más grande es la organización, más diversa es la tecnología que utiliza. Incluso es posible encontrar diferentes tecnologías en los diferentes departamentos de la organización. Por tanto, determinar la relación entre tecnología y estructura es una tarea complicada.

Tres de los trabajos clásicos sobre la relación entre tecnología y estructura organizacional nos servirán para estudiar su efecto sobre el diseño organizacional.

6.2.1. Tres tecnologías

Woodward (1965) es responsable de una de las clasificaciones clásicas de tecnología. El autor identificó tres tipos de tecnologías: unitaria, masificada y producción por procesos. El nivel de complejidad aumenta progresivamente de la unitaria hasta la producción por procesos:

1. La tecnología unitaria se refiere a la tecnología necesaria para la fabricación de pequeñas cantidades, y en algunos casos de producción hecha contra pedido o a la medida. Una pequeña fábrica de muebles sería un buen ejemplo.

2. La tecnología masificada es la tecnología necesaria para producir grandes cantidades. Un ejemplo incluiría una fábrica de televisores o una de ensamblaje de electrodomésticos.

3. Producción por procesos se refiere a procesos continuos de producción, como en los productos lácteos o de petroquímicos.

6.2.2. Capacidad y variabilidad

El trabajo de Perrow (1967) se sustenta sobre dos variables:

1. La capacidad para analizar los problemas: se refiere a los procedimientos de investigación necesarios para encontrar formas de responder a las excepciones en las tareas. Algunas veces la respuesta apropiada cuando surge una excepción es fácil de encontrar; otras veces no lo es tanto.

2. La variabilidad en la tarea: se refiere al número de excepciones que pueden encontrarse en la realización de las tareas dentro de un trabajo.

Por ejemplo, responder a un cambio de procedimiento en la instalación de un programa de ordenador puede resultar relativamente fácil. Sin embargo, la capacidad para analizar un problema en el diseño de una nueva innovación puede ser sumamente difícil.

Este autor también identificó algunos aspectos clave de la estructura que pueden ser modificados por la tecnología. Los elementos estructurales son:

• El nivel de interdependencia entre los grupos.

• El poder de los grupos para controlar las estrategias y objetivos del departamento.

• El nivel de discreción que puede ejercer un empleado en la culminación de una tarea.

• El grado en el que los departamentos de una organización coordinan su trabajo a través de la planificación o la retroalimentación.

6.2.3. Interdependencia tecnológica

Otra perspectiva sobre la relación entre la tecnología y el diseño organizacional la encontramos en el concepto de interdependencia tecnológica de Thompson (2017).

La interdependencia tecnológica se refiere al grado de interrelación de los diferentes elementos tecnológicos de la organización.

La premisa es que cuanto mayor es el nivel de interdependencia tecnológica en una organización, mayor es su complejidad, y que una toma de decisión descentralizada ayuda a paliar los problemas asociados a esta mayor complejidad.

6.2.4. Otros estudios: rutinización

Después de estos trabajos clásicos sobre la relación entre tecnologías y estructura organizacional se han hecho numerosos estudios y el tema común a todos ellos es el concepto de rutinización. Esto es, que las tecnologías tienden a:

- **Actividades rutinarias**: se caracterizan por operaciones estandarizas y automatizadas.

- **Actividades no rutinarias**: son actividades personalizadas (como, por ejemplo, la fabricación de artículos de vestido personalizados, restauración de obras de arte y asesoría legal).

Las tareas rutinarias están asociadas a estructuras altas y departamentalizadas. Existe, además, una fuerte relación entre el nivel de rutinización y el grado de formalización, centralización, especialización y estandarización que es posible aplicar a una organización.

La rutinización se ha asociado a la presencia de manuales de reglas, descripciones de cargos y otros documentos de formalización en la organización.

6.3. ENTORNO

La tercera variable contextual del diseño organizacional es el entorno.

El entorno de una organización está compuesto por aquellas instituciones o fuerzas que están fuera de la organización y que potencialmente pueden afectar su desempeño. Se puede incluir aquí a los grupos de interés (*stakeholders*), además de competidores, agencias regulatorias gubernamentales, grupos públicos de presión, etc.

Una forma resumida de definir el entorno de una organización es referirse a todo aquello que se encuentra fuera de las fronteras de la organización.

Por supuesto, diferentes aspectos del entorno tienen diversos niveles de influencia en la estructura organizacional: son parte de las condiciones del entorno y pueden tener un impacto en la organización. Forman parte del macroentorno de la empresa:

- Los clásicos factores de análisis del entorno: políticos, económicos, sociales y tecnológicos (análisis PEST).
- Los cambios ecológicos, entre otros.

Pero también hay un microentorno que afecta más directamente a la empresa. Este microentorno se refiere a los elementos del entorno de la organización que están relacionados con la consecución de sus metas y objetivos. Incluimos aquí a los clientes externos de la organización, proveedores, distribuidores, competidores y asociaciones comerciales.

6.3.1. Incertidumbre del entorno

Desde el punto de vista del entorno, lo que más afecta a la organización es lo que se ha llamado la incertidumbre en el entorno.

La incertidumbre en el entorno se refiere a la cantidad y tasa de cambio en el entorno de la organización.

Algunas organizaciones tienen unos entornos relativamente estáticos con poca incertidumbre —son pocas las fuerzas que cambian en el entorno—.

Por ejemplo, no hay nuevos competidores, no hay grandes cambios en las variables tecnológicas del entorno o la organización se enfrenta a muy poca actividad por parte de grupos públicos de presión.

Otras organizaciones, en cambio, tienen un entorno tan dinámico que nadie está muy seguro de lo que traerá el futuro. Estas organizaciones se enfrentan a rápidos cambios en las regulaciones gubernamentales, nuevos competidores, dificultad en la cadena de suministros, cambios en las preferencias de los consumidores, etc.

Resulta obvio que los ambientes estáticos crean mucha menos incertidumbre en los directivos que los ambientes dinámicos. La incertidumbre es una de las mayores amenazas a la efectividad de la organización, por lo que la dirección de la empresa tratará de reducirla, y una forma de reducir la incertidumbre es realizar ajustes a la estructura de la organización.

6.3.2. Dimensiones clave en el entorno organizacional

Sabiendo la repercusión que sobre la organización tiene la incertidumbre en el entorno, una de las responsabilidades de aquellos que diseñan estructuras organizacionales es determinar el nivel de incertidumbre en el ambiente. Varias investigaciones han encontrado que hay tres dimensiones clave en cualquier entorno organizacional (Dess y Beard, 1984; Gerloff, Muir y Bodensteiner, 1991; Shenkar, Aranya y Almor, 1995). Estas se han denominado capacidad, volatilidad y complejidad:

1. **Capacidad**. La capacidad del entorno refleja la abundancia o carencia de recursos. Se refiere al grado en el que puede soportar el crecimiento. Los entornos ricos en crecimiento generan exceso de recursos que pueden servir de colchón a la organización en tiempos de escasez. En este tipo de entorno se puede crecer, pero también se pueden cometer errores, ya que las circunstancias lo permiten. Por el contrario, en entornos caracterizados por la escasez lo que se necesita son estrategias de supervivencia. Los finales de los años noventa marcaron una época de abundancia de recursos, que por el contrario hoy en día, con la crisis financiera mundial, ya no están. En la actualidad, las organizaciones requieren de estrategias de supervivencia para mantenerse en el mercado.

2. **Volatilidad**. El nivel de inestabilidad en el entorno se refleja en la dimensión de volatilidad. Un entorno dinámico se caracteriza por un alto grado de impredictibilidad. Por supuesto, esto impide a los directivos predecir con precisión los diversos escenarios asociados a diferentes alternativas de decisión. El sector de las aerolíneas, por ejemplo, es un sector que en los últimos años se ha enfrentado a un alto nivel de volatilidad (nuevos entrantes,

fusiones, adquisiciones, cambios en las regulaciones sobre seguridad, cambios en la estructura de costes y precios, cambios en el perfil demográfico de empleados y clientes, bancarrotas y competencia global).

3. **Complejidad**. Por último, se debe evaluar el entorno en términos de su complejidad. La complejidad del entorno se refiere a las diferencias y variabilidad entre los elementos del entorno. Es decir, se refiere al grado de homogeneidad de los elementos. Los entornos simples se caracterizan por ser homogéneos y concentrados. Lo contrario es cierto para los entornos complejos, que se caracterizan por su heterogeneidad y dispersión.

La estructura organizacional debe ser capaz de adaptarse al entorno. Esto es, en un entorno incierto, dinámico, complejo y de recursos escasos, la estructura debe tener capacidad de adaptación y ser lo suficientemente flexible para enfrentar los diferentes retos organizacionales.

La Figura 6.1 representa las tres dimensiones del entorno. En itálica se muestran las características de un entorno de alta incertidumbre.

Figura 6.1. Las tres dimensiones del entorno

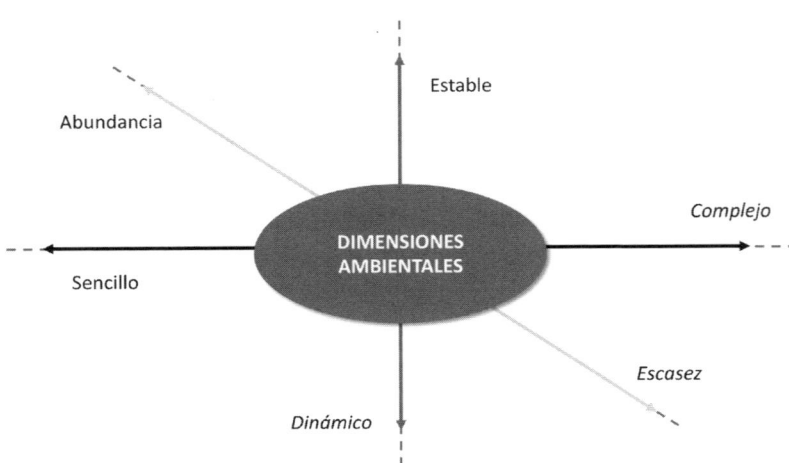

Fuente: Elaboración propia.

6.4. METAS Y OBJETIVOS ESTRATÉGICOS

Como hemos dicho antes, la estructura organizacional es un medio para conseguir los objetivos de la dirección. Lógicamente, estos objetivos nacen de la estrategia global de la organización, por tanto, la relación entre estrategia y estructura surge de forma natural. De hecho, la estructura debe seguir a la estrategia.

Las estrategias y metas le otorgan legitimidad a la organización. Esto, además de proporcionar una guía para los empleados, ha de servir de referencia para los procesos de toma de decisiones y de criterio para la evaluación del desempeño.

> Si la dirección de la organización opta por un cambio significativo en su estrategia, también debería cambiar la estructura para facilitar la adopción de esos cambios.

Varios autores han contribuido a desarrollar un marco de referencia sobre las dimensiones estratégicas que influyen en la estructura: innovación, reducción de costes y diferenciación. También se han identificado los diseños estructurales que encajan mejor con cada una de ellas (Miller, 1987; Staw y Cummings, 1994, Miles y Snow, 1978):

- **Innovación**. Se refiere a la introducción y gestión de nuevos procesos y tecnologías. Una estrategia de innovación implica algo más que simples cambios en los diseños; se refiere más bien a la incorporación de cambios únicos y significativos en los productos o servicios de la organización.

  Aunque existen organizaciones con una aproximación más o menos cercana a la innovación, empresas como Apple Computer, Tesla, Amazon y Alphabet (Google) son verdaderos ejemplos de una estrategia claramente definida por la innovación.

- **Estrategia de reducción de costes**. Se caracteriza por un control estricto sobre los costes, por evitar los gastos innecesarios en la innovación o la comercialización de los productos o servicios y por una política de reducción de precios en los productos y servicios básicos. El objetivo es la estandarización y la mayor eficiencia en la producción.

Los detallistas *hard discount*, como Lidl o Aldi, son un buen ejemplo de esta estrategia. Estas tiendas de descuento representan una media del 23% del mercado detallista europeo.

- **Estrategia de diferenciación**. Las organizaciones que se sustentan sobre una estrategia de diferenciación tratan de especializarse en las preferencias de algunos consumidores. Estas organizaciones intentan tener éxito al crear bienes o servicios con características que son únicas dentro de sus sectores. Los directivos que eligen competir por diferenciación generalmente están orientados hacia el cliente y conocen bien sus expectativas y necesidades.

  Empresas que basan su oferta en el diseño como BoConcept, Emporio Armani o Montblanc son un buen ejemplo de organizaciones que utilizan una estrategia de diferenciación como ventaja competitiva dentro de sus respectivos sectores.

En la Tabla 6.2 se muestran las dimensiones y las implicaciones de la estrategia en la estructura organizacional. Los innovadores necesitan flexibilidad, mientras que los que persiguen una estrategia de reducción de costes buscan la eficiencia y la estabilidad. Una estrategia de diferenciación combina las dos estructuras.

Tabla 6.2. Dimensiones e implicación estratégica en la estructura organizacional

DIMENSIÓN ESTRATÉGICA	OPCIÓN ESTRUCTURAL
Innovación Introducción y gestión de nuevas tecnologías y procesos	Descentralización Baja formalización Jerarquía plana Poca especialización
Reducción de costes Control estricto para producir de forma eficiente y estandarizada	Control estricto Alta centralización Alta formalización Alta estandarización
Diferenciación Creación de bienes y servicios con características únicas	Centralización moderada Media a alta formalización Media a alta complejidad

Fuente: Elaboración propia.

6.5. CONCLUSIONES

Hemos visto cómo las cuatro variables contextuales —tamaño, tecnología, entorno y estrategias y metas— determinan e influyen sobre el proceso de diseño organizacional. Cada una de estas variables ha sido defendida por diferentes investigadores como la más importante a la hora de determinar la mejor estructura organizacional. Sin embargo, determinar cuál es la más importante no es tarea fácil, entre otras causas, por la dificultad de estudiar la interacción de las cuatro dimensiones contextuales y por la complejidad presente en las diferentes estructuras organizacionales. Por tanto, la discusión sobre la importancia relativa de cada una de las variables continuará.

Lo que sí parece cierto es que debe haber cierto grado de acomodo entre la estructura y las dimensiones contextuales de la organización (Nelson y Quick, 2013). Más aún, cuanto mejor sea el emparejamiento, mejores serán las probabilidades de que la organización consiga sus objetivos.

Figura 6.2. Relación entre los elementos claves del diseño organizacional

Fuente: Nelson y Quick (2013).

> El adecuado diseño de los roles organizacionales y el funcionamiento de los procesos de información también se verán influidos por una buena compaginación entre las dimensiones contextuales y la estructura organizacional.

Las cuatro variables contextuales también sirven para explicar la evolución que han sufrido las estructuras organizacionales desde la revolución industrial.

Las economías de escala que caracterizaron los primeros tiempos fueron el germen de las grandes corporaciones. Las burocracias fueron el tipo de estructura predominante entre las décadas de los veinte y la de los setenta, y fueron la evolución natural de unas estructuras que comenzaron siendo muy simples. En esta época predominaron las economías de escala y una alta rutinización del trabajo; además, el entorno se caracterizó por ser relativamente abundante y estable (mínima incertidumbre, poca competencia internacional y grandes monopolios).

Las crisis petroleras de los años setenta del siglo XX, la introducción y desarrollo de tecnologías de la información a precios cada vez más competitivos y el comienzo de una competencia global provocaron que un gran tamaño dejara de ser una ventaja para las organizaciones. La necesidad de una mayor flexibilidad para competir efectivamente y proporcionar un verdadero aporte de valor motivó la reestructuración de las organizaciones. Estructuras matriciales y basadas en equipos fueron la respuesta a unos cambios que se producían cada vez con mayor rapidez.

En la actualidad, la tendencia es diseñar estructuras cada vez más planas, con menos niveles jerárquicos, una autoridad descentralizada y con menos personal. En un entorno caracterizado predominantemente por una altísima incertidumbre, la rigidez y la falta de dinamismo son un pasaporte seguro a la extinción.

7
Influencias actuales en el diseño organizacional

La aproximación tradicional al diseño organizacional se ha hecho sobre la base de las dimensiones básicas del diseño y de las variables contextuales. Sin embargo, en la actualidad existen una serie de factores que han llevado a los directivos y académicos a considerar nuevas formas de diseñar organizaciones más flexibles y capaces de responder a las necesidades de sus clientes. Entre estos factores tenemos:

- La globalización de los mercados.
- Los impresionantes y cada vez más rápidos cambios en la tecnología de la información.
- La reducción en los ciclos de vida dentro de la organización.

Las estructuras organizacionales emergentes son el resultado de la acción combinada de estos factores.

7.1. GLOBALIZACIÓN

El hecho de que las organizaciones operan a nivel global y de que su competencia ya no es local o ni siquiera regional, sino más bien global, ha provocado necesariamente una transformación en sus estructuras.

La fuerza motriz detrás de la integración global han sido las empresas multinacionales. Estas empresas, impulsadas inicialmente por la búsqueda de mercados y mano obra barata, fueron creando un tejido de organizaciones cuyas sinergias encogieron al mundo haciéndolo más accesible e integrado.

La difusión de los ordenadores personales (PC), los teléfonos inteligentes, los satélites, el cable de fibra óptica y la *World Wide Web* han transformado la realidad de las organizaciones.

La diferenciación espacial, más allá de las obvias diferencias geográficas, ha introducido la variable de las diferencias culturales y los sistemas de valores en la ecuación. Esto implica una dificultad añadida a la complejidad del proceso de diseño de estructuras organizacionales y requiere de la creación de mecanismos de integración que hagan posible la comunicación y el entendimiento entre personas que muchas veces tienen un perfil cultural muy diferente.

El diseño de una estructura en un entorno internacional implica la consideración de los siguientes factores:

- **Nivel de diferenciación horizontal**. Para satisfacer efectivamente las necesidades de todos sus clientes, las organizaciones deben agrupar adecuadamente sus operaciones domésticas y foráneas.

- **Nivel de diferenciación vertical**. El ámbito de control y los niveles de jerarquías de autoridad deben resultar suficientemente claros como para establecer las debidas responsabilidades tanto para los directivos domésticos como para los directivos foráneos.

- **El grado de centralización, estandarización, especialización y formalización**. Las decisiones en la estructura global deben tomarse en el lugar más adecuado de la organización y el diseño de la estructura debe concebirse para permitirlo. Esto debe ir acompañado del adecuado control para no permitir desviaciones con respecto a las estrategias y objetivos fijados por la empresa central.

7.2. CAMBIOS EN LAS TECNOLOGÍAS DE LA INFORMACIÓN

Es evidente que los cambios producidos en las tecnologías de la información han permitido a las organizaciones introducir nuevos productos y servicios de forma más rápida y competir en nuevos mercados con mucha mayor facilidad. Pero estos mismos cambios en la tecnología también han creado nuevas necesidades en el diseño de las estructuras organizacionales.

Los cambios en las tecnologías de procesamiento de la información han afectado al diseño organizacional de varias formas. Por ejemplo, el hecho de contar con redes computarizadas permite tener una mayor coordinación e integración de los niveles directivos, aun a pesar de una amplia dispersión geográfica. Pero el diseño de la estructura también se ha visto afectado de las siguientes formas:

- Menor necesidad de estandarización y especialización, ya que los puestos de trabajo están ocupados por un personal más cualificado, que tiene una mayor comprensión de la realidad organizacional.

- La nivelación de las jerarquías de autoridad. Las organizaciones se han hecho más planas.

- Mayor potenciación (*empowerment*) de los empleados y cambios en los niveles de centralización. La tecnología permite a los empleados de todos los niveles tener acceso a mayor cantidad y calidad de información y tomar más y mejores decisiones. Es decir, promueve la descentralización.

7.3. CICLOS DE VIDA DENTRO DE LA ORGANIZACIÓN

Los ciclos de vida de la organización se refieren a los diferentes estadios por lo que atraviesa una organización desde su nacimiento hasta su muerte. Como una entidad dinámica, la organización después de su nacimiento pasa por las etapas de crecimiento, madurez y declive. Solo algunas organizaciones después de pasar por la fase de declive logran revivir.

Esto sucede no solo para la organización como un todo, sino también para sus diferentes unidades de negocio. Las unidades de negocios basadas en productos están experimentado ciclos de vida más cortos, debido a los avances en la tecnología y el diseño de productos. Estos ciclos de vida más cortos le aportan flexibilidad y capacidad de respuesta a la organización frente a las demandas y cambios en el exterior.

Las organizaciones, o subunidades dentro de ellas, suelen nacer con una estructura simple e informal que al crecer se transforman conduciendo la estructura a la especialización, formalización, estandarización y mayores niveles de complejidad.

7.4. ROLES ESTRUCTURALES PARA LOS DIRECTIVOS DE HOY

El rol de los directivos como arquitectos organizacionales exige una profunda comprensión de los procesos de organización. La necesidad de dar respuesta a las exigencias de eficiencia, calidad y altos niveles de satisfacción de los clientes requiere una delicada combinación de visión a largo plazo con la máxima flexibilidad y una rápida capacidad de respuesta.

> Una de las funciones de la estructura organizacional es contribuir a la definición de esos roles, con la esperanza de contribuir a la exitosa atención de esas demandas actuales aparentemente conflictivas de eficiencia y personalización de la oferta.

Horton (1991) nos ofrece una descripción de los roles estructurales de los directivos de hoy versus roles de los directivos del futuro.

Tabla 7.1. Roles estructurales de los directivos de hoy versus
roles de los directivos del futuro

ROLES DE LOS DIRECTIVOS DE HOY
1. Adherirse estrictamente a las relaciones jefe-empleado.
2. Lograr que se hagan las cosas dando órdenes.
3. Llevar los mensajes hacia arriba y hacia debajo de la jerarquía.
4. Desempeñar una serie descrita de tareas, de acuerdo con la descripción del puesto.
5. Tener un foco funcional reducido.
6. Usar los canales uno a uno.
7. Controlar a los subordinados.
ROLES DE LOS DIRECTIVOS DEL FUTURO
1. Tener relaciones jerárquicas subordinadas a las relaciones funcionales y de pares.
2. Lograr que se hagan las cosas a través de la negociación.
3. Resolver problemas y tomar decisiones.
4. Crear el puesto desarrollando proyectos emprendedores.
5. Tener una amplia colaboración interfuncional.
6. Enfatizar la rapidez y la flexibilidad.
7. Formar (*coaching*) a sus trabajadores.

Fuente: Horton (1991).

8
Diseño organizacional y conducta de los empleados

Las organizaciones son complejos sistemas sociales compuestos por numerosos componentes interrelacionados. Los directivos que diseñan, desarrollan y mejoran organizaciones deben tener una amplia noción de la relación entre las diferentes estructuras organizacionales y el desempeño y satisfacción de los empleados que trabajan en ellas.

La adecuada comprensión de la relación entre el puesto de trabajo y el departamento al que pertenece y los otros puestos y departamentos de la organización contribuye a un mejor desempeño de las tareas de los empleados. De hecho, entender a la organización en su totalidad les permite a los empleados una mejor visualización de su particular contribución a la misión global de la organización.

La estructura organizacional puede tener efectos significativos en sus miembros. Debe resultar obvio que debido a la gran diversidad de personas que trabajan en las organizaciones no todas encajan de la misma forma en las diferentes configuraciones estructurales.

No todo el mundo lleva bien la flexibilidad y amplio grado de libertad de las estructuras orgánicas. Algunas personas están más satisfechas y resultan más productivas cuando sus actividades están estandarizadas y no hay lugar a la ambigüedad —como en las estructuras mecanicistas—. Es decir, hay personas que encajan mejor en estructuras simples; otras se desempeñan mejor en burocracias profesionales y otras resultan más productivas trabajando en equipo.

Las estructuras organizacionales no son independientes de las personas que trabajan en ellas. Por tanto, la evaluación de los efectos de la estructura organizacional en la conducta de los empleados no puede llevarse a cabo sin considerar las diferencias individuales.

Un hallazgo consistente en las investigaciones es que la especialización en el trabajo resulta en una mayor productividad, pero eso sí, influyendo negativamente en la satisfacción en el trabajo. Por supuesto, esta evidencia debe interpretarse con cuidado y sabiendo que su validez es relativa si no se toman en cuenta las diferencias individuales y el tipo de actividad en cuestión.

Existe una porción de la fuerza laboral que prefiere trabajos altamente especializados, con un alto componente repetitivo y muy rutinizados. Son personas que optan por una actividad que requiere un mínimo esfuerzo intelectual. Para estos individuos la alta especialización en el trabajo es una fuente de satisfacción laboral.

La relación entre el grado de centralización y la satisfacción laboral también ha sido estudiada. Las investigaciones muestran resultados consistentes que relacionan un bajo nivel de centralización y una mayor participación en los procesos de toma de decisiones. Y existe una correlación positiva entre una toma de decisiones participativa y la satisfacción laboral. De nuevo, sin olvidar las diferencias individuales.

Por ejemplo, existe una relación entre los niveles de autoestima de los empleados y la satisfacción con el grado de centralización en la organización. Niveles bajos de autoestima correlacionan con niveles altos de centralización, lo que se explica porque los individuos con menor confianza en sus habilidades se sienten más cómodos con una toma de decisiones compartida.

La conclusión es que factores individuales, como la personalidad de los empleados, su experiencia y la tarea en cuestión, deben tomarse en cuenta a la hora de evaluar los niveles de desempeño y el grado de satisfacción dentro de la organización. Y a esto debemos añadir el componente cultural. El perfil cultural de los empleados marcará ciertas preferencias hacia determinadas configuraciones estructurales. Individuos que operan dentro de entornos culturales caracterizados por una baja distancia de poder se sentirán más cómodos en organizaciones flexibles, descentralizadas, con poca estandarización y baja formalización. Resulta, por tanto, indispensable considerar las diferencias culturales junto con las diferencias individuales a la hora de diseñar la estructura organizacional.

PARTE II

Gestión del cambio en las organizaciones

INTRODUCCIÓN

Esta sección trata acerca del cambio y brevemente sobre el estrés en las organizaciones. El cambio se ha convertido en algo normal en las organizaciones. Adquisiciones, fusiones, expedientes de regulación de empleo, cierre de plantas de producción y bancarrotas se han convertido en algo común en la vida empresarial. En los próximos apartados se describen las fuerzas internas y del entorno que fomentan la ejecución de programas globales de cambio en las empresas. Se aborda el hecho de que las personas y las organizaciones con frecuencia se resisten al cambio y se verá cómo puede gestionarse esa resistencia. También se revisarán varios procesos para la gestión del cambio organizacional, así como la gestión del estrés en las organizaciones.

IDEAS CLAVE

- Los puestos de trabajo deben estar diseñados de forma tal que tengan significado para el empleado, le proporcionen una adecuada motivación y las oportunidades para desarrollar sus habilidades.

- Las condiciones excesivamente estresantes de trabajo están asociadas, entre otros males, con la rotación, el absentismo y el aumento de las dimisiones, todo lo cual repercute de forma negativa en la operativa de la organización.

- Para conseguir efectivamente los objetivos del cambio, también es importante seleccionar cuidadosamente la técnica de desarrollo organizacional.

- Una oportuna y completa comunicación sobre los antecedentes y consecuencias del cambio, alta participación y soporte empático serán muy útiles para ayudar a los miembros de la organización en la etapa de transición.

- El compromiso de la alta dirección con el cambio debe ser visible, porque su conducta será modelada por los empleados.

- Para tener éxito en los esfuerzos por gestionar el cambio, los gerentes deben ser capaces de reconocer las fuerzas que motivan el cambio.

9

Gestión del cambio

Cisco Systems, Inc., la empresa líder en el suministro de equipos y gestión de redes para Internet, llegó a tener en el año 2000 un valor de mercado de 550 millardos (mil millones) de dólares. Pero como otros tantos gigantes de la tecnología, la compañía no ha sido inmune a los problemas financieros y económicos a los que nos enfrentamos a finales de la primera década del siglo XXI. Después de un vertiginoso descenso, Cisco tiene en la actualidad un valor ligeramente superior a los 202 millardos de dólares. La empresa que presentó unos ingresos de 14,67 millardos de dólares en el último informe financiero y que emplea a 84.900 personas está viviendo un intenso proceso expansivo, incrementando sus líneas de negocio y abordando nuevos mercados. Estos cambios en su modelo de negocio también están transformando su estructura organizacional.

La empresa, que ya ha atravesado por otros procesos de reestructuración organizacional, tenía una estructura divisional por clientes (equipos para operadores de telecomunicaciones, grandes corporaciones y pequeños negocios), y se reestructuró centralizando las funciones para cada línea. Con la intención de cortar costes y acabar con la duplicación de tareas, se organizó con base en funciones: producción, marketing, ingeniería, etc.

Sin embargo, en su afán por no caer en la tentación de convertirse en una organización demasiado formal, con productos altamente estandarizados y correr el peligro de ignorar las necesidades de algunos grupos de clientes, Cisco ha desarrollado un comité de directivos de diferentes áreas funcionales cuyo objetivo principal es el desarrollo de nuevos mercados. Estos grupos tienen responsabilidades sobre mercados que pueden llegar a tener un valor de 10 millardos de dólares. Como hemos visto en los temas anteriores, esta combinación de estructura funcional con equipos interfuncionales es llamada una estructura matricial.

Después de todas estas alteraciones en su estructura, Cisco es una empresa que ha hecho de la gestión del cambio una competencia esencial de su cultura corporativa.

El entorno de trabajo actual, caracterizado por constantes alteraciones y una competencia brutal, no solo ha hecho del cambio una permanente realidad en las organizaciones, sino que también ha multiplicado los niveles de estrés entre los directivos y el resto de la fuerza laboral.

Los suicidios en el lugar de trabajo han aumentado dramáticamente desde principios del siglo XXI. Según *The Guardian*, en 2005 se informaron oficialmente 180 casos; en 2019, el último año con datos disponibles, el número había aumentado a 307, el mayor número de suicidios en el lugar de trabajo registrado desde que la Oficina de Estadísticas Laborales de EE.UU. comenzó a rastrear las muertes por suicidio en el lugar de trabajo en 1992 (Sainato, 2022).

Hay muchos estudios que indican que el estrés relacionado con el trabajo es, con diferencia, la principal causa de estrés para los adultos estadounidenses, y que ha aumentado de manera constante en las últimas décadas. Según el American Institute of Stress (AIS), se ha comprobado que los niveles más altos de estrés en el trabajo, evaluados a través de la percepción de tener escaso control, pero enfrentar muchas demandas, se vinculan con mayor frecuencia de infartos, hipertensión y otros trastornos. En ciudades como Nueva York y Los Ángeles, se reconoce ampliamente la relación entre el estrés laboral y los ataques cardíacos (The American Institute of Stress, 2023).

De acuerdo con el AIS (2023), el 62% de los empleados tiene altos niveles de estrés con fatiga extrema, y un 33% tiene constante pero controlables niveles de estrés. El mismo informe destaca que el 41% de los empleados señala la carga de trabajo como la principal causa del estrés en el trabajo. El impacto del estrés en la productividad se refleja en un 42% de la muestra, indicando que pierden de 15 a 30 minutos por día en productividad debido al estrés y un 54% que se absenta 1 o 2 días al año por estrés.

10

Fuerzas del cambio en las organizaciones

«Cambio» es una palabra común en el día a día de las organizaciones. Basta con hacer una revisión a la literatura sobre *management* de los últimos años para encontrarnos con un sinfín de herramientas y metodologías: reingeniería, gestión de productividad, reducción del ciclo-tiempo, reestructuración y otras tantas combinaciones de letras como CRM, BPR, TQM, QFD, BSC, CQL, y un largo etcétera; todas ellas con un impacto innegable en el diseño organizacional de la empresa. Las organizaciones están en un tremendo estado de agitación y transición y, por supuesto, sus miembros se ven afectados.

La lista de la Tabla 10.1, que se ha reenviado muchas veces a través del correo electrónico, revela por qué el cambio es la norma, ya que a pesar de no tener más de unos pocos años ya parece obsoleta.

Tabla 10.1.   Tú sabes que estás viviendo a principios del siglo XXI cuando…

Tú sabes que estás viviendo a principios del siglo XXI cuando…
1. Accidentalmente introduces tu contraseña en el microondas.
2. No has jugado al solitario con cartas de verdad en años.
3. Tienes una lista de 15 teléfonos para contactar con tu familia de 3 miembros.
4. Te comunicas por correo electrónico con la persona que trabaja en el escritorio de al lado.
5. La razón para no mantener comunicación con la familia y amigos es que ellos no tienen una dirección de correo electrónico.
6. Llegas al garaje de tu casa y usas el teléfono móvil para ver si alguien en casa que te ayude con las bolsas de la compra.
7. Todos los anuncios en televisión tienen una dirección web en el pie de la pantalla.
8. Salir de casa sin el teléfono móvil, que no tuviste durante los primeros 20 o 30 (o 60) años de tu vida, es una razón para entrar en pánico y regresar rápidamente para cogerlo.
10. Te levantas en la mañana y te conectas a Internet antes de ir a por el café.
11. Empiezas a inclinar tu cabeza para sonreír. :)
12. Estás leyendo esto y estás afirmando y riéndote.
13. Aún peor, ya sabes exactamente a quién le reenviarás este mensaje.
14. Estás tan ocupado que no has notado que no hay un 9 en este listado.
15. De hecho, has subido la barra con el ratón para verificar que no hay un 9 en este listado.

Fuente: Anónimo.

Son varios los ítems de la lista que ya está casi obsoletos. Por ejemplo, cuando intenté escribir la sonrisa en el número 11, me salió automáticamente este ícono: 😊. Supongo que ya no hace falta inclinar la cabeza.

O, por ejemplo, el número 4 (comunicarte por correo con la persona que trabaja en el escritorio de al lado). Hace unos años los SMS rivalizaban con el correo electrónico como método de comunicación entre los compañeros de trabajo. Hoy su uso es casi exclusivamente corporativo. Aplicaciones de mensajería instantánea para teléfonos inteligentes como WhatsApp o iMessage los han remplazado.

En 2023, WhatsApp fue la aplicación de mensajería móvil más popular en todo el mundo, con aproximadamente dos mil millones de usuarios activos mensuales, superando a WeChat con 1.300 millones de usuarios y a Facebook Messenger con 930 millones de usuarios globales. Después de Facebook y YouTube, es la tercera red social más popular a nivel mundial. El número de usuarios únicos globales de WhatsApp aumentó un 26 por ciento desde principios de 2020 hasta mediados de 2023, y se estima que alcanzó los 2,79 mil millones de usuarios únicos en junio de 2023. En junio de 2023, WhatsApp fue la aplicación de chat y mensajería más descargada en todo el mundo, acumulando aproximadamente 45,85 millones de descargas en Apple App Store y Google Play Store (Statista, 2023).

En definitiva, las organizaciones en la actualidad se enfrentan a un entorno cada vez más dinámico y cambiante. Esto exige a las organizaciones una tremenda capacidad de adaptación. La premisa es «adaptarse o morir», «cambiar o morir». Las organizaciones tienen que hacer frente a cambios sociales, ambientales, tecnológicos y políticos, entre otros.

10.1. TIPOS DE CAMBIO

Según Nelson y Quick (2013) hay dos formas básicas de cambio en las organizaciones:

1. **Cambio planificado**. Es el cambio que resulta de una decisión deliberada de alterar la organización. Una empresa que desea transformar su estructura caracterizada por una división funcional a una que facilite el trabajo en equipo y la autonomía tiene que hacer un esfuerzo importante y bien planificado para hacer la transición con éxito y el menor trauma posible para los miembros de la organización. Sin embargo, no todos los cambios son planificados. Los cambios planificados tienen dos objetivos principales:

   a) Incrementar la capacidad de la organización para adaptarse a esos cambios en el entorno.

   b) Cambiar la conducta de los empleados.

Para que la organización pueda operar eficientemente y asegurar su permanencia, debe ser capaz de responder a los posibles cambios en el marco legal, a las interrupciones en la cadena de suministro, a la introducción de nuevos productos o servicios por parte de los competidores y otros cambios en el entorno que exigen una alta capacidad de adaptación. El cambio planificado también implica cambiar la conducta de los individuos y grupos dentro de la organización. En definitiva, ellos son los responsables del éxito o fracaso de la organización.

2. **Cambios no planificados**. Muchas veces las organizaciones se ven sujetas a cambios que no han sido capaces de prever y que les resultan impuestos desde el exterior. Por ejemplo, cambios en las condiciones económicas o en las regulaciones gubernamentales. Las organizaciones deben ser capaces de responder a los dos tipos de cambios y para ello se necesita una gran dosis de flexibilidad y capacidad de adaptación.

También se puede pensar en el cambio en términos de orden de magnitud (Levy, 1986):

- **Cambio de primer orden**. Cambio lineal y continuo. No implica una modificación fundamental en la manera en la que los miembros de la organización perciben su entorno o en cómo la organización puede mejorar su funcionamiento.

- **Cambio de segundo orden.** Implica una desviación radical en las percepciones acerca de la organización y de su entorno operativo. Es un tipo de cambio multinivel, multidimensional y discontinuo.

Los cambios, o más bien las fuerzas que los motivan, pueden venir desde distintas fuentes. Como hemos visto, algunas son externas a la organización, pero otras tantas son internas.

10.2. FUERZAS EXTERNAS

La diversidad de la fuerza laboral, los cambios tecnológicos y la globalización son algunos de los retos a los que se enfrentan las organizaciones y que promueven cambios en su estructura y dinámica de trabajo.

10.2.1. Naturaleza de la fuerza laboral

En la actualidad, la cambiante naturaleza de la fuerza laboral es una poderosa fuente de cambio en las organizaciones. La práctica totalidad de las organizaciones han tenido que aprender a adaptarse a un entorno multicultural. Si la intención es atraer o mantener a una fuerza laboral cada vez más diversa, las políticas y prácticas que tienen que ver con el factor humano dentro de la organización tienen que cambiar. Una breve descripción de las tendencias demográficas actuales es suficiente para comprobar el impacto de esta variable en la estructura y dinámica de las organizaciones.

De acuerdo con las últimas cifras del Informe sobre las Migraciones en el Mundo 2022, el número estimado de migrantes internacionales ha aumentado en las últimas cinco décadas. El total estimado de 281 millones de personas que vivían en un país distinto de su país natal en 2020 es superior en 128 millones a la cifra de 1990 y triplica con creces la de 1970. Europa y Asia acogían en 2022 a alrededor de 87 millones y 86 millones de migrantes internacionales, respectivamente, sumando el 61% de la población mundial total de migrantes internacionales. Les seguían América del Norte, con casi 59 millones de migrantes internacionales, equivalentes al 21% de la población mundial de migrantes, África, con el 9%, América Latina y el Caribe, con el 5%, y Oceanía, con el 3%. En relación con el tamaño de la población de cada región, en 2020 tenían las proporciones más altas de migrantes internacionales Oceanía, América del Norte y Europa, con un 22%, un 16% y un 12% de la población total, respectivamente. La proporción de migrantes internacionales era relativamente pequeña en Asia y África (1,8% y 1,9% respectivamente) y en América Latina y el Caribe (2,3%) (*World migration report*, 2022).

A la creciente diversidad cultural hay que añadirle la progresiva incorporación de las mujeres a las organizaciones y el envejecimiento de la población. Las estimaciones de las Naciones Unidas son que para el año 2050 el número de personas mayores de 60 años se aproximará a los dos billones. En el 2006 la cifra era de 688 millones. De hecho, será la primera vez en la historia en la que habrá más personas viejas que niños. La expectativa de vida se ha incrementado dramáticamente en las últimas décadas y se sitúa en la actualidad en una media de 72 años. La de las mujeres (73,9) supera ligeramente la de los hombres (68,9) (CIA *The World Factbook*).

La gestión de la diversidad en las organizaciones también involucra la inserción laboral de aquellas personas con discapacidad física o mental. En este sentido, son muy reconocidas las iniciativas como las del Programa Incorpora de Fundación la Caixa, en labor de lograr la integración de colectivos en situación de riesgo de exclusión social.

Estas tendencias demográficas tienen implicaciones significativas para el diseño de las organizaciones en términos de productividad laboral, transferencia de conocimiento y sucesión de liderazgo, entre otros factores de importancia.

10.2.2. Cambios tecnológicos

El desarrollo y la innovación tecnológica es otra fuerza que está cambiando los puestos de trabajo y las organizaciones. Organizaciones más planas y ámbitos de control más amplios son posibles gracias a la sustitución de la supervisión directa por ordenadores. Los procesos de innovación conllevan cambios en las relaciones de trabajo y las estructuras organizacionales:

- Los avances en los niveles de sofisticación en la tecnología de la información están permitiendo a las organizaciones incrementar su capacidad de repuesta.

- La tecnología también ha incrementado la eficiencia en las cadenas de suministro, permitiendo el desarrollo, fabricación y distribución de los productos en una fracción del tiempo que solía tomar hace tan solo unos pocos años.

- Por supuesto, estos cambios en las organizaciones también han provocado cambios en los empleados. Como consecuencia de las reformas en los puestos de trabajo, las personas que solían hacer trabajos rutinarios y altamente especializados ahora están trabajando en equipo, realizando tareas múltiples y participando de forma activa en los procesos de toma de decisiones.

10.2.3. Globalización

Como ya hemos visto, los actores principales en este mercado global en el que vivimos son las organizaciones multinacionales y transnacionales.

El surgimiento de los principales bloques económicos como la Unión Europea, el acuerdo entre Estados Unidos, México y Canadá (USMCA, por sus siglas en inglés), APEC y Mercosur, además de la influencia individual de economías emergentes como las de China, India. Rusia, México y Brasil está teniendo un profundo impacto en los mercados mundiales. Hasta las empresas más pequeñas tienen la posibilidad de lograr grandes avances en estos mercados mundiales, incrementando todavía más la brutal competencia que ya existe.

Hoy en día la gran mayoría de las empresas definen sus mercados en términos globales y, por tanto, promueven en sus empleados una mentalidad global. Para lograr esta globalización de la organización, hace falta la gestión más eficiente posible de los recursos disponibles, el uso intensivo e inteligente de grandes cantidades de información y un elevado desarrollo de las capacidades de las personas. Esto requiere no solo cambios estructurales, sino también cambios en la mentalidad de los empleados.

Estos cambios en el entorno ejercen una gran presión sobre las organizaciones. Otras fuerzas, como las fluctuaciones en la demanda de los consumidores, las regulaciones medioambientales, cambios en las expectativas de los grupos de interés (*stakeholders*), también provocan cambios en las organizaciones. Otra serie de fuerzas provocadoras de cambio se originan desde dentro de la estructura organizacional.

10.3. FUERZAS INTERNAS

Estas presiones que surgen desde dentro de las organizaciones suelen manifestarse como señales de que algo necesita cambiarse.

10.3.1. Crisis interna

Una crisis interna puede convertirse en una gran motivación para el cambio dentro de una organización. Las crisis motivadas por el abandono de uno de los decisores clave de la organización provoca muchas veces la reflexión sobre el equipo directivo, su estructura y rol dentro de la organización. Las huelgas y otros conflictos sindicales pueden conducir a la dirección a reconfigurar la estructura salarial de la organización.

Por ejemplo, eventos externos, como un accidente aéreo, también puede desatar crisis internas dentro de las aerolíneas y provocar muchos cambios en sus políticas de seguridad y comunicación.

10.3.2. Baja productividad

Bajas en la productividad y efectividad de una organización también se convierten en grandes catalizadores para el cambio. Pérdidas recurrentes a lo largo de varios periodos son una gran motivación para modificar cosas dentro de la organización.

10.3.3. Cambios en el clima laboral

Empresas que han pasado recientemente por procesos de regulación de empleo suelen sufrir como consecuencia de un enrarecido clima laboral. Empleados desmotivados, insatisfechos y apáticos son síntomas de un malestar que no puede ignorarse dentro de la organización. Los empleados que permanecen en la organización encuentran dificultades para volver a los niveles de productividad anteriores y se sienten inseguros sin saber si ellos pueden ser los próximos en ser despedidos.

La Tabla 10.2 resume seis fuerzas específicas que actúan como estimulantes para el cambio.

Tabla 10.2. Fuerzas para el cambio

FUERZA	EJEMPLOS
Naturaleza de la fuerza laboral	Mayor diversidad cultural
	Incremento en la media de edad profesional
	Incremento en los flujos migratorios
Tecnología	Mayor automatización y homogenización
	Uniformidad de procesos y lenguajes
	Conectividad
Sucesos económicos	Quiebras en los mercados de valores
	Fluctuaciones en las tasas de interés
	Fluctuaciones en la paridad de las monedas
Globalización y competencia	Aparición de nuevos y más competidores globales
	Fusiones, adquisiciones, consolidaciones a nivel mundial
	Nuevos modelos de negocio: *outsourcing, insourcing, offshoring*, teletrabajo, etc.
Tendencias sociales	Sociedades más multiculturales
	Incremento de la preocupación por la conservación ecológica
	Incremento en la expectativa de vida
	Reducción de los índices de natalidad

Fuente: Elaboración propia.

11

La figura del agente de cambio

Agente de cambio es el individuo o grupo que se encarga de la tarea de introducir y gestionar el cambio en una organización. Los agentes de cambio pueden ser personas provenientes de la misma organización, como, por ejemplo, algunos de sus directivos, o pueden ser externos, como un consultor externo.

Por supuesto, cada opción tiene sus ventajas y desventajas:

- Los agentes internos conocen la historia de la organización, sus políticas y procedimientos y las peculiaridades de su cultura organizacional.

- Al ser parte interesada y directamente afectada por los resultados del proceso de cambio, los agentes internos muy probablemente abordarán con sumo cuidado la gestión del cambio.

- Algunas de las desventajas de este tipo de agente pueden estar asociadas a su falta de objetividad acerca de lo que necesita hacerse y a su posible identificación con ciertos grupos dentro de la organización. Este hecho puede facilitar el que sean acusados de ejercer con favoritismo en los cambios propuestos.

• Los agentes externos son percibidos como más imparciales y brindan a la organización una visión más objetiva de lo que tiene que hacerse. Sin embargo, su conocimiento de la historia y dinámica real de la organización es evidentemente más limitado.

> En ocasiones, los agentes externos también despiertan ciertas susceptibilidades dentro del personal. Lo cierto es que si el agente externo logra conseguir la confianza de los empleados, a través de una adecuada comunicación de su experiencia y de la proyección de su credibilidad, este puede ser más eficaz en la dirección de los cambios.

¿Qué tipo de cosas puede cambiar el agente de cambio? Básicamente, puede cambiar la estructura, la tecnología, las personas y el entorno físico de la organización.

Figura 11.1. Opciones de cambio

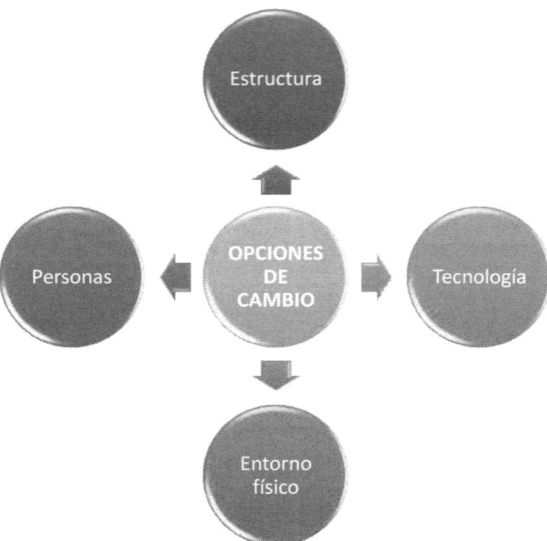

Fuente: Elaboración propia.

11.1. CAMBIO DE LA ESTRUCTURA

En ocasiones, los cambios en las condiciones exigen cambios estructurales. En estos casos, los agentes de cambio pueden recurrir a la modificación de la estructura organizacional.

Como se recordará, la división formal de las tareas, su agrupación y coordinación definen la estructura organizacional. Los agentes de cambio pueden modificar una o más de las variables del diseño organizacional. Por ejemplo, puede que sea necesaria una descentralización para hacer más eficientes y rápidos los procesos de toma de decisiones, o incrementar la estandarización a través de la implementación de más reglas y procedimientos.

Otra opción es incluir modificaciones importantes al diseño estructural vigente. Por ejemplo, el pasar de una estructura simple a una estructura divisional geográfica o a una estructura virtual. Es posible que sea necesario replantearse la definición y diseño de los puestos o inclusive de los horarios de trabajo. Esto puede implicar la asignación de mayores responsabilidades para los miembros de la organización o la adopción de un horario de trabajo más flexible y acorde a las necesidades organizacionales.

11.2. CAMBIO EN LA TECNOLOGÍA

Cambiar la tecnología implica, entre otras cosas, incrementar los niveles de automatización, la introducción de nuevos procesos informatizados y aumentar la conectividad e interrelación informática con los miembros de los distintos grupos de interés, a través de tecnologías como el intercambio electrónico de datos (EDI – *Electronic Data Interchange*, por sus siglas en inglés).

Los agentes de cambio muchas veces se ven forzados a incorporar nuevos equipos, maquinaria y métodos operativos en respuesta a los movimientos de la competencia o de las tendencias del sector en donde operan.

El sector de la distribución de productos farmacéuticos ha modernizado significativamente sus almacenes y en general todas sus operaciones logísticas para competir de forma más efectiva. Los almacenes se encuentran casi totalmente automatizados con el fin de reducir costes y reducir al mínimo los tiempos de carga, descarga y entrega.

Un claro ejemplo de la expansión de la computarización en las organizaciones es la cada vez más frecuente utilización de sofisticados sistemas de gestión de información. La conexión entre terminales de venta y los sistemas de gestión de inventarios es uno de los cambios tecnológicos más recientes vividos por muchas organizaciones del sector del comercio detallista.

11.3. CAMBIO EN EL ENTORNO FÍSICO

Rara vez la configuración del espacio de trabajo es producto de la improvisación. El arreglo del espacio físico suele responder a las necesidades de interrelación para la toma de decisiones, a las demandas del trabajo, a las necesidades sociales, etcétera. De hecho, el diseño interior del espacio de trabajo y la ubicación de los equipos y maquinaria suele responder a estas necesidades.

12

El proceso de cambio organizacional

El proceso de cambio organizacional requiere de una cuidadosa etapa de planificación y análisis. Inevitablemente, esa etapa de planificación se tropezará con el hecho de que las organizaciones y sus miembros habitualmente se resisten al cambio. Los niveles de resistencia variarán, y es importante comprender el fundamento de esa resistencia. En general, algunas personas son más abiertas al cambio que otras.

12.1. RESISTENCIA AL CAMBIO

La resistencia al cambio puede surgir como una respuesta natural a una situación que se percibe como impredecible. Es difícil estandarizar las formas en las que puede surgir. La resistencia puede ser manifiesta, implícita, inmediata o surgir de forma diferida. La resistencia implícita o diferida conlleva los mayores retos para su gestión. La resistencia implícita puede caracterizarse por una pérdida de motivación para trabajar, el incremento de los niveles de absentismo y la pérdida de lealtad hacia la organización. Todas estas son manifestaciones difíciles de reconocer. En el caso de la resistencia diferida, la dificultad está en la capacidad para enlazar las reacciones a las fuentes de resistencia. Lo que parecía una reacción menor al momento de producirse el cambio, se convierte, al pasar del tiempo, en una conducta disruptiva para el adecuado funcionamiento de la organización.

A continuación, veremos algunas de las principales razones para la resistencia al cambio:

Figura 12.1. Razones para la resistencia al cambio

Fuente: Elaboración propia.

- **Miedo a lo desconocido**. Los cambios muchas veces traen consigo mucha incertidumbre. Los cambios sustituyen lo que nos resulta conocido por una sensación de ambigüedad e incertidumbre. Por ejemplo, los empleados que se enfrentan a la implementación de un nuevo sistema de control de calidad tendrán que aprender nuevas técnicas y procedimientos, y algunos pueden sentir que no serán capaces de hacerlo. Este problema puede acrecentarse aún más si el cambio no se ha comunicado y explicado en profundidad y con suficiente antelación.

- **Miedo al fracaso**. Algunos individuos temen a los cambios porque le temen a su propio fracaso. La introducción de ordenadores en los trabajos trajo como consecuencia que muchos individuos dudarán de su capacidad para interactuar con los ordenadores. Las personas con una alta necesidad de seguridad son propensas a resistirse al cambio porque este atenta contra sus sentimientos de seguridad.

- **Miedo a la pérdida del puesto o el estatus**. Algunos trabajadores temen perder sus puestos de trabajo como resultado del cambio. Otros pueden temer perder su estatus actual dentro de la organización como resultado de los cambios impuestos.

- **Miedo a la pérdida de las relaciones interpersonales**. Los empleados puede resistirse al cambio porque alienta a limitar o interrumpir relaciones interpersonales significativas dentro de la organización.

- **Balance de poder**. Los cambios organizacionales también pueden traer consigo cambios en el balance de poder dentro de la organización, y algunos individuos o grupos que actualmente ostentan el poder pueden sentir que perderán sus ventajas políticas.

- **Inercia estructural**. Las organizaciones cuentan con mecanismos para garantizar la estabilidad. Por ejemplo, los procesos de reclutamiento y selección incorporan a personas que encajen en la organización y después son formados y dirigidos a comportarse de determinadas maneras. Los procesos de entrenamiento también refuerzan roles y habilidades específicas. La formalización proporciona procedimientos, reglas y descripciones de funciones que los empleados deben seguir. Cuando la organización se enfrenta a un cambio, esta inercia estructural actúa proporcionando equilibrio y manteniendo la estabilidad.

- **Inercia grupal**. Se refiere a la actuación de las normas del grupo en aras de contener a aquellos individuos promotores del cambio.

- **Interrelación de los subsistemas**. Las organizaciones se componen de varios subsistemas que actúan de forma interdependiente. Es prácticamente imposible cambiar uno sin implicar a los demás. Por tanto, lo que sucede es que, al realizar cambios en cualquier subsistema, estos tienden a quedar anulados por el sistema total.

Las razones descritas son algunas de las fuentes de resistencia al cambio. Sin embargo, las razones para la resistencia son tan diversas como la naturaleza misma de la fuerza laboral y varían dependiendo de las organizaciones y las personas. El reto para los directivos es introducir el proceso de cambio de la manera más positiva posible y gestionar eficientemente la resistencia de los empleados.

12.2. GESTIÓN DE LA RESISTENCIA AL CAMBIO

Como en otras tantas actividades, la clave para una gestión efectiva de la resistencia al cambio está en la planificación y en tener preparadas las estrategias para gestionarlo. Varios autores han propuesto diversas tácticas y estrategias para la gestión de la resistencia al cambio (Kotter y Schlesinger, 1979; Cummings y Huse, 1989):

a) **Comunicación**. La resistencia al cambio se puede mitigar informando a los empleados acerca del proceso y su lógica. Se les debe proporcionar las razones para el cambio e informar de los detalles del proceso. Es razonable pensar que los empleados querrán saber el porqué del cambio. Una información oportuna y eficaz acerca del cambio puede reducir los temores y acabar o prevenir que se desarrollen rumores infundados. Así como es importante explicar las razones, el porqué del cambio y el cómo se llevará a cabo, también es esencial proporcionar a los empleados una visión de los resultados esperados. Es decir, informar a las personas acerca de las consecuencias potenciales del cambio. Educar a los empleados acerca de las nuevas políticas y procedimientos que se pretenden instaurar suele ayudar en su implementación. Esta postura asume que la fuente de la resistencia se basa en la falta de información o en la inadecuada comunicación sobre los cambios que se pretenden poner en marcha. Si se les comunica a las personas todos los hechos y se aclaran sus dudas, la resistencia se aplacará. La educación y la comunicación funcionan siempre que, efectivamente, la razón de la resistencia sea la inadecuada comunicación y que exista confianza y credibilidad en las relaciones entre la dirección y los empleados.

b) **Participación**. La participación ayuda a los individuos a involucrarse en el cambio y a desarrollar un sentido de propiedad sobre el proceso. Es difícil para los empleados resistirse a una decisión de cambio en las que ellos han participado. Cuando se permite a los empleados participar, se comprometen más con el cambio. Aquellos individuos que se oponen pueden ser involucrados en el proceso de decisión, antes de iniciar los cambios que se han planificado. Está táctica presenta el inconveniente, por un lado, de que puede complicar el proceso de toma de decisiones al involucrar a más personas y, por otro, que puede consumir más tiempo.

c) **Apoyo y colaboración**. Otra estrategia para gestionar la resistencia es proporcionar apoyo y colaboración a aquellos individuos que están teniendo problemas en asumir el cambio. Los agentes de cambio pueden ofrecer una serie de alternativas para reducir la resistencia. Cuando los niveles de ansiedad son altos, se puede ofrecer asesoría y terapia para identificar las razones sobre las que se basa la resistencia y descubrir los miedos que subyacen. El entrenamiento en nuevas habilidades o, inclusive en casos extremos, los permisos remunerados pueden facilitar el proceso de ajuste. La participación, la comunicación abierta y el apoyo emocional pueden resultar muy útiles a la hora de gestionar el cambio. El problema, como en otros casos, es que lleva tiempo, es costoso y no está asegurado su éxito.

d) **Negociación**. Puede utilizarse la negociación para tratar la resistencia al cambio, ofreciendo algo a cambio de una menor resistencia. Esta alternativa puede ser necesaria cuando el origen de la resistencia proviene de una fuente poderosa dentro de la organización. El problema con esta alternativa es que los empleados que se resisten también pueden recibir contraofertas desde otros estamentos de la organización. Otra desventaja es que la negociación puede implicar unos altos costes para la dirección.

e) **Manipulación y asimilación**. La dirección puede optar por distorsionar los hechos para hacerlos parecer más favorables, impedir la divulgación de información indeseable o crear falsos rumores con la intención de que los empleados se acojan al cambio. Todas estas son formas de manipulación. La asimilación, por otra parte, se refiere a la adopción de los que se resisten dentro del grupo de los favorables al cambio. Esto se puede hacer «comprando» a los líderes del grupo que se resiste y ofreciéndoles un papel principal en las decisiones de cambio. Por supuesto, estas tácticas conllevan el peligro de que pueden volverse en contra de la propia dirección si los manipulados se dan cuenta de lo que está pasando.

f) **Coerción**. La dirección también puede recurrir a las amenazas de transferencia de empleados, pérdidas de promociones, evaluaciones de desempeño desfavorables y otras tácticas de coerción. Es decir, a la aplicación de amenazas directas o la utilización del poder organizacional sobre aquellos que se resisten.

12.3. REACCIONES CONDUCTUALES AL CAMBIO

Algunas reacciones al cambio organizacional son inevitables, a pesar de los esfuerzos que puedan hacerse para mitigar la resistencia. Como hemos visto, la reacción puede ser a través de una conducta manifiesta o, por el contrario, los individuos pueden resistirse al cambio de forma pasiva. Se han identificado cuatro reacciones básicas al cambio (Kotter y Schlesinger, 1979; Bridges y Bridges, 2019; Woodward y Buchholz, 1987):

1. **Falta de involucración**. La falta de involucración se refiere a la separación psicológica del cambio. Se caracteriza por una falta de iniciativa y de interés por el trabajo. Se puede reconocer la falta de involucración cuando los empleados solo hacen lo básico para cumplir con su trabajo y se encuentran físicamente presentes, pero mentalmente ausentes. Estas personas pierden la motivación y el compromiso y simplemente cumplen con sus

responsabilidades, pero sin una verdadera involucración psicológica con su trabajo. La estrategia de dirección recomendada para tratar con las personas que ha perdido su involucración con la empresa es confrontarlos con su reacción e intentar sacarlos de ese estado para que puedan identificar sus preocupaciones y poder así atenderlas. Algunas veces, las personas no son conscientes de su estado y es necesario ayudarlas a manifestar sus sentimientos.

2. **Falta de identificación**. Se refiere al sentimiento de que la propia identidad está siendo amenazada por el cambio. Es un sentimiento de vulnerabilidad por la sensación de pérdida de seguridad. Se manifiesta con actitudes de preocupación y un sentimiento de tristeza. Los empleados que manifiestan falta de identificación, al sentirse vulnerables, también se sienten víctimas del proceso de cambio. Una de las maneras que tiene la dirección para tratar con los empleados que sufren de una falta de identificación es ayudarlos a identificar aquellas cosas que les gustaba de la situación anterior y trasladar esas experiencias positivas a la nueva situación producto del cambio.

3. **Desencanto**. El desencanto también es una reacción común al cambio. Se caracteriza por un sentimiento de negatividad o rabia hacia al cambio. Los empleados desencantados están enfadados por lo que han dejado atrás. El mayor peligro del desencanto es que puede resultar muy contagioso en el trabajo. A pesar de la dificultad de tratar con empleados desencantados, la dirección puede intentar neutralizar su estado emocional permitiéndoles descargar sus emociones y reconociendo que en estos casos los sentimientos de enfado y rabia son normales y que no se les reprenderá por ello.

4. **Desorientación**. Otra reacción al cambio es la desorientación. La desorientación se refiere a los sentimientos de pérdida y confusión debidos al cambio. Los empleados desorientados están perdidos y confundidos, y muchas veces no están seguros de sus sentimientos. Hacen muchas preguntas y puede que necesiten orientación para seguir adelante. Los individuos que están

acostumbrados a metas claras y directrices bien definidas suelen desorientarse ante los cambios. El cambio se percibe como un estado de incertidumbre y de falta de claridad. La estrategia de la dirección para tratar con esta reacción es explicar el cambio de forma que se minimice la ambigüedad. La información acerca del proceso debe presentarse de manera tal que los empleados desorientados puedan ver de qué forma encajan ellos dentro del marco global del cambio.

En la Tabla 12.1 se muestran las distintas reacciones, su forma de expresarse y la manera de responder de la dirección.

Tabla 12.1. Reacciones al cambio y respuesta de la dirección

REACCIÓN	FORMA DE EXPRESARSE	RESPUESTA DE LA DIRECCIÓN
Falta de involucración	Separación	Confrontación, identificación
Falta de identificación	Tristeza, preocupación	Explorar, transferir
Desencanto	Rabia	Neutralizar, reconocer
Desorientación	Confusión	Explicar, planificar

Fuente: Nelson y Quick (2013).

La dirección de la empresa debe ser capaz de reconocer cada una de estas reacciones al cambio. El diagnóstico correcto y la puesta en marcha de la acción adecuada pueden ayudar a los miembros de la organización a navegar exitosamente a través del proceso de transición.

12.4. MODELO DE CAMBIO DE LEWIN

A pesar de su antigüedad, el marco de referencia más utilizado para enfrentarse al proceso de cambio en las organizaciones es el modelo de Kurt Lewin (1951). El autor sostiene que para que un cambio organizacional sea exitoso debe seguir tres pasos: descongelar el *statu quo*, movimiento hacia un nuevo estado y congelar el nuevo cambio para hacerlo permanente.

Figura 12.2. Modelo de cambio de Lewin

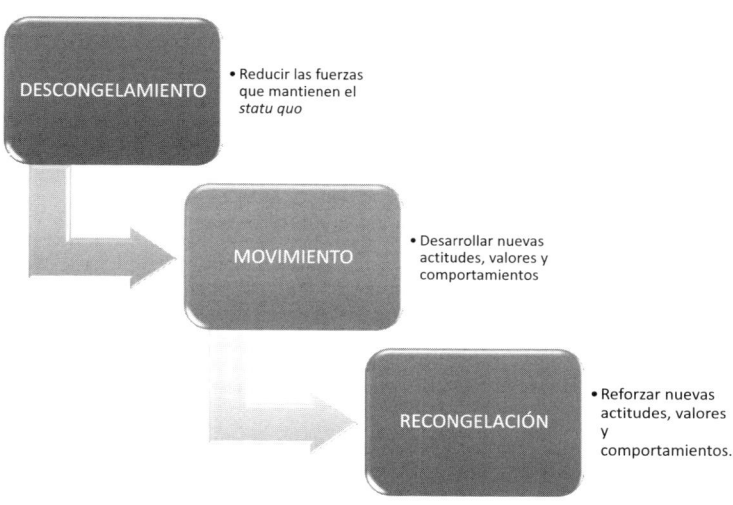

Fuente: Elaboración propia.

El *statu quo* puede considerarse como un estado de equilibrio. Para romper ese equilibrio es necesario descongelarlo. El modelo sostiene que la conducta de una persona es el producto de dos fuerzas opuestas:

* Una fuerza lucha para preservar el *statu quo*.

* La otra fuerza lucha por el cambio.

Cuando las dos fuerzas opuestas son aproximadamente iguales, la conducta se mantiene Para que el cambio ocurra, las fuerzas que luchan por mantener el *statu quo* deben ser derrotadas. Esto puede suceder de varias maneras:

a) Se pueden reforzar las fuerzas del cambio.

b) Se pueden debilitar las fuerzas que luchan por el mantenimiento del *statu quo*.

c) Una tercera opción resulta de la combinación de las dos acciones anteriores.

Para que un cambio organizacional sea exitoso debe seguir tres pasos:

1. **Descongelar el equilibrio**. Esto implica promover el abandono de las viejas conductas y acabar con las condiciones actuales que mantienen el estatus quo. Una manera a través de la cual las organizaciones logran esto es eliminando las recompensas para las conductas actuales, mostrando así que las conductas actuales no son valoradas. A nivel individual, descongelar implica la aceptación de que el cambio necesita producirse.

2. **Movimiento**. En este estadio, nuevos valores, actitudes y conductas sustituyen a los viejos. Las organizaciones desarrollan la etapa de movimiento, iniciando nuevas opciones y explicando las razones para el cambio. También forma parte de esta etapa el entrenamiento en las nuevas habilidades necesarias para el cambio.

3. **Volver a congelar**. Es el último paso en el proceso de cambio. Este es el momento de establecer los nuevos valores, actitudes y conductas que conformarán el nuevo *status quo*. El objetivo en esta etapa es consolidar las nuevas pautas y procedimientos. Es necesario asegurarse de que la estructura de recompensas en la organización no recompensa las viejas conductas y sí lo hace con las nuevas.

El modelo sostiene que para que el proceso de cambio sea exitoso deben completarse los tres pasos. Los fracasos en las iniciativas de cambio pueden rastrearse a alguno de los tres estadios. Los cambios exitosos requieren que las viejas conductas sean descartadas, las nuevas conductas introducidas y estas nuevas conductas se institucionalicen y sean recompensadas.

La Figura 12.3 muestra un análisis de una decisión que seguro resulta familiar.

Otra aproximación a la gestión del cambio es el modelo investigación acción.

Figura 12.3. Modelo de cambio: Análisis de la decisión de hacer un MBA

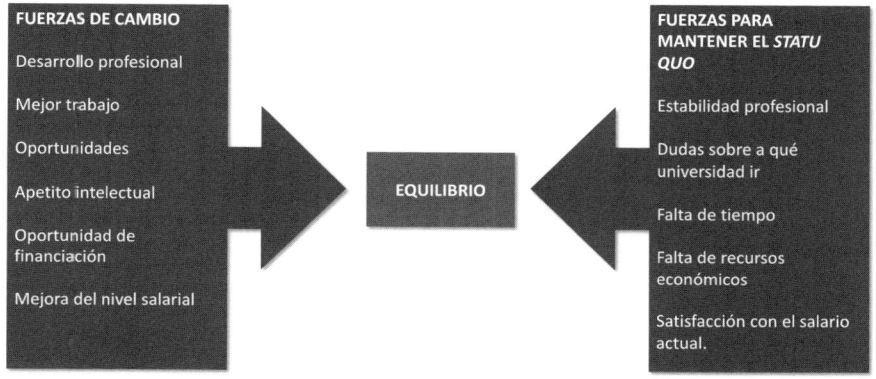

Fuente: Elaboración propia.

12.5. MODELO DE INVESTIGACIÓN ACCIÓN

El modelo de investigación acción se refiere a un proceso de cambio basado en la recolección sistemática de datos y en la selección de una acción de cambio basada en lo que los datos analizados indican (Robbins y Judge, 2017). El modelo representa un intento de proporcionar una metodología científica para la gestión del cambio planificado.

Los pasos del proceso de cambio en el modelo de investigación acción se asemejan mucho a los pasos del método científico. El proceso de investigación acción consiste en cinco pasos:

1. **Diagnóstico.** Esta etapa comprende la recolección de información a empleados en relación con las preocupaciones, problemas y necesidades de cambio en la organización. El agente de cambio suele ser un consultor externo que entrevista a los empleados, hace preguntas, revisa registros y recoge las preocupaciones de los empleados tal y como lo haría, por ejemplo, un psicólogo en consulta.

2. **Análisis.** Se analiza la información recogida durante la fase de diagnóstico. El agente de cambio sintetiza esta información y

establece prioridades en relación con las preocupaciones y áreas problemáticas, así como de las posibles acciones que llevar a cabo.

3. **Retroalimentación.** Este modelo requiere de una alta implicación en el proceso por parte de aquellos que se ven involucrados en el cambio, por tanto, en esta etapa, se comparte con los empleados los hallazgos de las dos etapas anteriores. El objetivo es que, en conjunto con el agente de cambio, los empleados desarrollen planes de acción para poner en marcha el cambio necesario.

4. **Acción.** Se refiere a la puesta en marcha de las acciones específicas para corregir los problemas que se han identificado durante el proceso.

5. **Evaluación.** Esta etapa implica la evaluación de la efectividad de los planes de acción. Se utiliza la información recogida durante la fase de diagnóstico como línea base o *benchmark* para comparar y evaluar los cambios.

Los beneficios del modelo de investigación acción para la organización se centran en que:

- Por un lado, se focaliza en los problemas.

- Por otro, el modelo conlleva una alta implicación de los empleados en el proceso y esto favorece la resistencia al cambio.

Ya hemos visto cómo la toma de decisiones participativas reduce la resistencia al cambio. Además, los empleados y grupos que han estado involucrados se convierten en una fuente interna para el mantenimiento de la presión que facilita el cambio.

13

Desarrollo organizacional

El desarrollo organizacional es una referencia obligada en cualquier discusión sobre gestión del cambio. Sin embargo, su definición no es fácil. Para algunos, el desarrollo organizacional es un término que comprende una colección de intervenciones para el cambio planificado, que se basan en valores humanísticos y democráticos y que buscan mejorar la efectividad organizacional y el bienestar de los empleados (Robbins y Judge, 2017).

French y Bell (1990) han definido el desarrollo organizacional como una aproximación sistemática a la mejora organizacional, que utiliza la teoría e investigación de la ciencia conductual para incrementar el bienestar y la efectividad de las organizaciones y los individuos que las conforman.

Las dos aproximaciones destacan ciertas características fundamentales de las intervenciones de desarrollo organizacional:

- El desarrollo organizacional es una aproximación sistemática al cambio planificado.

- El paradigma valora el crecimiento organizacional y humano, los procesos participativos y de colaboración y el espíritu inquisitivo.

- El desarrollo organizacional se fundamenta en un sólido marco teórico y evidencia empírica.

- El desarrollo organizacional reconoce la relación recíproca entre individuos y organizaciones.

- El desarrollo organizacional está orientado al resultado. Su objetivo es la mejora de la efectividad y el bienestar de los individuos y las organizaciones (Woodman y Pasmore, 1987; Pasmore y Fagans, 1992; Nelson y Quick, 2013).

Algunos de los valores que subyacen a cualquier intervención de desarrollo organizacional son:

a) **Participación**. La participación en el proceso de toma de decisiones de las personas afectadas incrementará su nivel de implicación en el cambio.

b) **Clima de confianza**. Las organizaciones que se caracterizan por un entorno de confianza, apertura y clima de colaboración tienden a ser más efectivas.

c) **Confrontación**. Un clima de colaboración y apertura no significa que no deban enfrentarse los problemas. Al contrario, en vez de ignorarlos, los problemas deben ser confrontados con sinceridad.

d) **Distancia de poder**. Las organizaciones efectivas enfatizan la igualdad en el poder a través de jerarquías planas de autoridad y control.

El desarrollo organizacional se concibe como una actividad cíclica en la que la organización y sus empleados se mueven continuamente hacia una mayor efectividad en el funcionamiento:

- Los directivos comienzan con un diagnóstico del problema que tratar.

- En función del diagnóstico y del análisis de necesidades, se elige un método de intervención para después aplicarlo.

- Finalmente, se lleva a cabo un seguimiento del proceso que se ha llevado a cabo.

La Figura 13.1 muestra el ciclo de desarrollo organizacional.

Figura 13.1. Ciclo de desarrollo organizacional

Fuente: Elaboración propia.

13.1. DIAGNÓSTICO Y ANÁLISIS DE NECESIDADES

Debe llevarse a cabo un cuidadoso análisis antes de planificar cualquier intervención. El diagnóstico debe identificar los problemas y áreas específicas de mejora. Hay que tener en cuenta que los problemas pueden surgir de cualquiera de las áreas de la organización. Algunas de las áreas recomendadas para su análisis y diagnóstico son:

- Misión organizacional.
- Estructura organizacional.
- Sistema de recompensas.
- Dinámica de las relaciones.
- Estilos de liderazgo.

Interesa identificar dónde ocurre el problema en la organización, cómo es el problema, durante cuánto tiempo ha venido ocurriendo y qué se ha hecho para solucionarlo. Para obtener esta información se pueden analizar los registros de la empresa, además de utilizar una variedad de métodos como la observación, las entrevistas y los cuestionarios.

Otra actividad importante de esta etapa es el análisis de necesidades. Esto se refiere al análisis de habilidades y competencias necesarias para lograr los objetivos fijados con el cambio. El análisis de necesidades es crucial porque puede ser necesario planificar sesiones de entrenamiento para desarrollar estas habilidades y competencias.

13.2. TÉCNICAS DE DESARROLLO ORGANIZACIONAL

Aunque existen gran cantidad de alternativas de métodos de intervención en desarrollo organizacional, a continuación, veremos algunas intervenciones que los agentes de cambio pueden utilizar en su trabajo.

13.2.1. Entrenamiento en sensibilidad

También recibe otros nombres como —entrenamiento en laboratorio, grupos de encuentro o grupos-T (*training groups*: grupos de entrenamiento en inglés)—, pero todos se refieren a un método de modificación de conducta a través de la interacción de grupos no estructurados.

El entrenamiento en sensibilidad se diseña para ayudar a los individuos a comprender cómo su conducta afecta la de otros.

Los miembros del grupo (usualmente no se conocen entre ellos) se reúnen en un ambiente de apertura en la que se les deja que ellos mismos decidan las normas de interacción del grupo y se promueve que se concentren en el aquí y ahora de la experiencia. Se deja que los participantes discutan sobre sí mismos y sobre su proceso de interacción, dirigidos a distancia por un profesional de la ciencia conductual. El facilitador solo intervendrá para ayudar al grupo en caso de estancamiento y con la idea de que siga adelante. Lo que se busca es que los participantes tengan la oportunidad de expresar sus ideas, creencias y actitudes sin que surja una figura de liderazgo dentro del grupo.

Los objetivos de los grupos de entrenamiento son concienciar a los individuos sobre sus propias conductas y cómo son percibidos por otros; que tengan una mayor sensibilidad hacia la conducta de los demás y que tengan una mayor comprensión de los procesos grupales.

13.2.2. Retroalimentación de encuesta

Es un método para evaluar las actitudes de los miembros de la organización, identificar las discrepancias entre sus percepciones y resolver estas diferencias. Una vez que se han recogido los datos, se analizan y se retroalimenta a los empleados para diagnosticar los problemas y planificar otras intervenciones. Usualmente, la retroalimentación de encuesta se utiliza como una herramienta exploratoria, para después combinarla con otras técnicas de intervención.

Algunas de las cuestiones que típicamente se incluyen en las encuestas tienen que ver con percepciones y actitudes de los miembros de la organización hacia una amplia gama de tópicos, como las prácticas en los procesos de toma de decisiones; la efectividad de las comunicaciones; la coordinación de los departamentos y el nivel de satisfacción con su trabajo, los pares, sus supervisores inmediatos y la organización en general.

Para que el método de retroalimentación de encuesta sea efectivo deben seguirse una serie de lineamientos:

- Se debe garantizar a los empleados que sus respuestas serán anónimas y confidenciales. De lo contrario, las respuestas pueden no ser honestas y responder a mecanismos de deseabilidad social.

- Se debe proporcionar la retroalimentación en un formato grupal. Es decir, no se deben identificar respuestas individuales. Los empleados deben confiar en que no se producirá ninguna repercusión negativa por sus respuestas.

- Se debe informar a los empleados del propósito de la encuesta.

Es importante que se garantice a los empleados que se hará seguimiento de los resultados de las encuestas. Si esto no sucede, en la siguiente oportunidad los empleados no se tomarán en serio el proceso de encuestas.

13.2.3. Gestión por objetivos

La gestión por objetivos es una técnica que abarca a toda la organización y que implica la fijación conjunta de objetivos por parte de empleados y gerentes. El proceso de gestión por objetivos incluye:

a) Fijación de los objetivos iniciales.

b) Revisiones periódicas de progreso.

c) Resolución de problemas para remover cualquier obstáculo a la consecución de los objetivos.

En todas estas etapas está presente el trabajo conjunto de empleados y gerentes.

La intervención por gestión de objetivos es muy útil porque cubre varias necesidades:

- La fijación de objetivos especifica muy bien qué se espera de los empleados y, por tanto, deja claro su rol, reduciendo así el conflicto y la ambigüedad.

- La gestión por objetivos ofrece conocimiento objetivo de los resultados, lo que sirve de criterio para le medición del desempeño en el trabajo.

- La gestión por objetivos facilita la supervisión y asesoramiento por parte de los gerentes.

- El método de resolución de problemas promueve la comunicación y la discusión sobre los obstáculos a la consecución de los objetivos propuestos.

13.2.4. Consultoría de procesos

Ninguna organización opera de forma perfecta. La consultoría de procesos es un método de desarrollo organizacional que ayuda a los gerentes y empleados a mejorar los procesos que se utilizan en la organización. Los procesos que usualmente son objetivo de mejoría son la comunicación, la interacción grupal, el liderazgo, la resolución de conflictos y la toma de decisiones.

La característica peculiar de la consultoría de procesos es que se utiliza un consultor externo.

El consultor proporciona al cliente *insights* sobre lo que está pasando a su alrededor, en el interior de su organización y entre el cliente y sus grupos de interés. El papel principal del consultor es identificar los procesos que necesitan mejorarse. El trabajo del consultor se realiza en varias etapas: conocimiento de la organización, definición de las relaciones, recogida de datos y diagnóstico de los problemas, intervención y evaluación de resultados.

Lo usual es que la consultoría de procesos se lleve a cabo junto con otras intervenciones de desarrollo organizacional. Es similar al entrenamiento en sensibilidad en el sentido de que asume que la efectividad organizacional puede mejorarse al tratar los problemas interpersonales y en su énfasis en la involucración.

13.2.5. Construcción de equipo

Es una intervención de desarrollo organizacional diseñada para mejorar la efectividad de los grupos de trabajo. La construcción de equipo utiliza actividades de grupo de alta interacción para mejorar la confianza y la apertura entre los miembros del equipo.

La construcción de equipo comienza con un proceso de diagnóstico a través del cual los miembros del equipo identifican los problemas y sigue con las acciones planificadas por el equipo para resolver esos problemas. Aunque el profesional de desarrollo organizacional facilita el proceso, el trabajo en sí lo llevan a cabo los miembros del equipo.

Las actividades que usualmente se incluyen en la construcción de equipo incluyen:

- Fijación de objetivos.
- Desarrollo de relaciones interpersonales entre los miembros del equipo.
- Análisis de roles para clarificar los roles y responsabilidades de cada uno de los miembros del equipo.
- Análisis de los procesos del equipo.

Swezey y Salas (1991) sostienen que hay cuatro áreas de la construcción de equipo que son críticas para el éxito de la intervención:

1. La construcción de equipo debe promover la interacción de los miembros y la interdependencia mutua.
2. La construcción de equipo debe desarrollar la comunicación que facilite el respeto por las aportaciones de los otros miembros y el deseo de trabajar por el bien del equipo.
3. La construcción de equipo debe hacer énfasis en las metas del equipo. Los miembros del equipo deben aprender acerca de

las responsabilidades de cada uno, de manera tal que el equipo pueda funcionar adaptándose a cada situación de crisis.

4. La construcción de equipo debe proporcionar ejemplos de un trabajo en equipo efectivo, pero también de uno que no lo sea. La construcción de equipo debe hacer énfasis en la flexibilidad.

13.2.6. Desarrollo intergrupal

Se refiere a los esfuerzos de desarrollo organizacional por cambiar las actitudes, estereotipos y percepciones que los grupos tienen de otros grupos en la organización. Una de las áreas de mayor preocupación en el campo del desarrollo organizacional tiene que ver con los conflictos disfuncionales que existen entre los diferentes grupos.

Uno de los métodos más usados para mejorar las relaciones inter-grupales es la resolución de problemas.

En este método cada grupo se reúne de forma independiente para desarrollar unas listas con las percepciones que tiene sobre sí mismo y sobre el otro grupo, y cómo cree que el otro grupo se percibe a sí mismo. Entonces, el grupo comparte estas listas para discutir sobre las similitudes y diferencias que puedan existir. Las diferencias deben ser expuestas claramente y los grupos deben identificar las causas para sus discrepancias. Una vez que las causas de las dificultades han sido identificadas, los grupos comienzan una fase de integración, en la que se trabaja para desarrollar soluciones que mejoren las relaciones entre los grupos.

Se pueden designar delegados de cada uno de los grupos en conflicto para hacer un diagnóstico posterior y formular posibles alternativas de acción dirigidas a mejorar las relaciones futuras entre los grupos.

Como hemos visto, los gerentes pueden escoger entre una serie de técnicas de desarrollo organizacional para facilitar el cambio organizacional. Algunas de estas técnicas se focalizan en los individuos, mientras que otras lo hacen en los grupos. Cuanto mayores sean los cambios previstos, mayor será la necesidad de combinar las diferentes técnicas para garantizar la efectividad del cambio.

> Estos métodos de desarrollo organizacional son los medios para lograr el cambio. Los programas por sí solos no lograrán el cambio, son solo los vehículos para conseguirlo. Las intervenciones de desarrollo organizacional cumplen con el objetivo de poner a las organizaciones y sus miembros en la dirección hacia un funcionamiento más efectivo.

14

Gestión del estrés en las organizaciones

La mayoría de nosotros sabe que el estrés en el trabajo es un problema serio en las organizaciones.

La portada de la revista *Time* del 6 de junio de 1983 se titulaba «Estrés: buscando curas para las ansiedades modernas». El artículo lo llamaba «la epidemia de los ochenta» y se refería al estrés como uno de los problemas de salud más importante de aquellos años. Parece claro que la situación ha empeorado desde entonces. Son numerosos los estudios en los que los adultos señalan que sienten más estrés ahora que en décadas anteriores. Según el Instituto Americano del Estrés (American Institute of Stress – AIS, por sus siglas en inglés), el estrés en el trabajo es por mucho la causa principal de estrés en los adultos.

La Asociación Americana de Psicología (American Psychological Association – APA, por sus siglas en inglés) define el estrés como «el patrón de respuestas específicas y no específicas que un organismo tiene a eventos estímulo que desestabilizan su equilibrio o que exceden su habilidad para manejarlos». En definitiva, el estrés es una demanda física o psicológica fuera de lo habitual, que provoca un estado ansioso en el organismo.

Siempre se recalca la connotación negativa del estrés, a pesar de que es indudable que tiene un valor positivo. El estrés puede ser un gran activo en la gestión de emergencias y en la consecución de altos desempeños. Son muchas las investigaciones en psicología deportiva que así lo corroboran. Los deportistas de alta competición utilizan el estrés positivamente para estar a la altura de la ocasión y lograr máximos desempeños.

Un *estresor* es la persona o evento que dispara la respuesta de estrés.

Entre los factores desencadenantes del estrés están las situaciones que obligan a procesar información al instante, la alteración de las funciones fisiológicas, las percepciones de amenaza, los estímulos ambientales dañinos, el aislamiento, la presión grupal y la frustración.

> Típicamente, el estrés está asociado con limitaciones y demandas. Las limitaciones impiden el hacer algo deseado. Las demandas se refieren a la pérdida de algo deseado.

Se deben dar dos condiciones para que un estrés potencial se convierta en un estrés real:

1. Debe existir incertidumbre acerca del resultado.

2. El resultado debe ser importante.

Independientemente de las condiciones, solo cuando existe incertidumbre o duda acerca de si se podrá aprovechar la oportunidad, remover la limitación o evitar la pérdida se producirá estrés.

14.1. CAUSAS DEL ESTRÉS LABORAL

Las fuentes potenciales del estrés laboral pueden clasificarse en las categorías generales de:

• Demandas de las tareas.

• Demandas de los roles.

- Demandas interpersonales.
- Demandas organizacionales.

Existen otras fuentes potenciales de estrés relacionadas con factores ambientales (incertidumbre económica, política o tecnológica) y con factores individuales (problemas familiares, económicos y de personalidad). Y todas ellas están mediadas por diferencias individuales como la percepción, la experiencia laboral, tipo de personalidad y apoyo social, entre otras.

> De hecho, el mismo evento estresante puede llevar a la aflicción a una persona y a la excitación y resultados saludables a otra. Las mismas condiciones que pueden causar estrés a una persona pueden tener muy poco o ningún efecto en otras.

Vamos a enfocarnos en este apartado en las fuentes potenciales de estrés producidas por factores organizacionales. No son pocos los factores dentro de las organizaciones que pueden causar estrés.

14.1.1. Demandas de las tareas

Las demandas de las tareas son factores relacionados con el trabajo del empleado. En este sentido, dos de las demandas que causan más estrés en las personas son el cambio y la falta de control. Como hemos visto, el cambio conduce a la incertidumbre, a la falta de predictibilidad sobre las tareas y actividades que realizar. En tiempos de crisis como los actuales, esto puede ser causado por la inseguridad sobre el puesto de trabajo.

Por ejemplo, según un informe reciente de 750 líderes empresariales que utilizan inteligencia artificial (IA) de ResumeBuilder, el 37% dice que la tecnología reemplazó a los trabajadores en 2023. Mientras tanto, el 44% informa que habrá despidos en 2024 como resultado de la eficiencia de la IA (Curry, 2023).

La percepción de falta de control también es una fuente principal de estrés laboral. La percepción de falta de control puede deberse a la imposibilidad de influir en el *timing* de las tareas y actividades, en la selección de herramientas o métodos para llevar a cabo la tarea o en la toma de decisiones que determinan el resultado del trabajo (Nelson y Quick, 2013).

14.1.2. Demanda de roles

La demanda de roles está relacionada con las presiones a las que se ve sujeta una persona como función del rol específico que esta ejerce en la organización. Las dos categorías principales de estrés por el rol en el trabajo son:

1. **Conflicto del rol**. El conflicto de roles tiene que ver con la creación de expectativas que son difíciles de reconciliar o satisfacer. Se experimenta una sobrecarga en el rol cuando se espera que el empleado haga más de lo que el tiempo y sus capacidades permiten.

2. **Ambigüedad del rol**. La ambigüedad en el rol se crea cuando existe confusión acerca de las expectativas de los demás o cuando el rol no se entiende claramente y el empleado no tiene suficientemente claro qué es lo que tiene que hacer.

14.1.3. Demandas interpersonales

Las demandas interpersonales se refieren a las presiones ejercidas por otros empleados. Un ambiente social enrarecido en el lugar de trabajo, en el que las relaciones interpersonales son pobres o inexistentes, puede causar un estrés considerable. La falta de apoyo social por parte de los compañeros de trabajo o situaciones extremas, como el acoso sexual, suelen causar un gran malestar en el clima laboral. Lo que hoy conocemos como *bullying* o maltrato físico o psicológico deliberado y continuado no solo se produce a nivel escolar, también puede ocurrir en el lugar de trabajo.

En Estados Unidos, una de cada tres personas que trabajan ha sido víctima de acoso laboral. En la India, esta cifra es aún más alta, llegando a una de cada dos personas. En Alemania, el porcentaje es menor, pero sigue siendo significativo: una de cada seis personas (Praslova et al., 2022).

A pesar de esta alta prevalencia, el acoso laboral suele pasar desapercibido o no se le da la debida importancia. Esto puede tener graves consecuencias para las víctimas, que pueden sufrir daños físicos, psicológicos y emocionales.

14.1.4. Demandas organizacionales

Entre las demandas organizacionales que pueden convertirse en fuentes potenciales de estrés encontramos:

- **La estructura organizacional**. La estructura organizacional define los niveles de diferenciación en la organización, el grado de reglamentación y regulaciones y dónde son tomadas las decisiones en la organización. Una organización caracterizada por un número excesivo de reglas y en la que los empleados no participan en las decisiones que les afectan puede ser una gran fuente de estrés laboral.

- **El diseño de los trabajos**. Por ejemplo, ciertas características del trabajo, como unas tareas excesivamente pesadas, descansos infrecuentes, turnos y horas de trabajos largos, trabajos frenéticos y de rutina que tienen poco significado inherente o actividades en las que los trabajadores no utilicen sus habilidades son todos ellos factores causantes de estrés.

- **El estilo de liderazgo adoptado por los directivos de la empresa**. Puede crear un clima laboral caracterizado por la ansiedad, el miedo y los altos niveles de tensión entre los empleados. El establecimiento de metas irreales y objetivos de desempeño extremadamente exigentes en el corto plazo, así como la imposición de excesivos métodos de control puede elevar la posibilidad de sufrir estrés en el trabajo.

Por supuesto, las demandas físicas, como ambientes extremos de mucho calor o mucho frío, o la presencia de sustancias peligrosas como en un laboratorio químico, ejercen presiones físicas sobre los individuos y crean situaciones potenciales de riesgo. Pero en el trabajo de oficina también existe riesgo de sufrir lesiones físicas.

Un inadecuado diseño ergonómico del espacio de trabajo puede afectar a los empleados de diversas maneras. Cansancio visual, dolencias de espalda y cuello o problemas con los brazos y las muñecas pueden ocurrir cuando no hay una adecuada configuración entre la persona y la máquina (el ordenador, por ejemplo).

14.2. CONSECUENCIAS DEL ESTRÉS

Las situaciones de estrés disparan una alarma en el cerebro, que responde preparando al cuerpo para una acción defensiva. El sistema nervioso se activa y se descargan hormonas que sensibilizan los sentidos, aumenta el ritmo del pulso y la respiración y se tensan los músculos. Esta cadena de reacciones fisiológicas nos prepara para defendernos de situaciones potencialmente amenazantes. Es una respuesta innata, biológicamente preprogramada. En general, los seres humanos respondemos de la misma manera, independientemente de si la situación estresante se presenta en la calle, nuestra casa o el trabajo.

Los episodios esporádicos de estrés no conllevan mucho riesgo. Como hemos mencionado antes, ciertos niveles de estrés en determinados momentos pueden aumentar nuestros niveles de activación y mejorar nuestro desempeño.

De hecho, algunos autores han querido diferenciar lo que han llamado «euestrés» (euforia + estrés), el estrés normal y saludable, del estrés que comúnmente conocemos y que repercute en unos altos costes para la organización (Quick, Horn y Quick, 1986). El euestrés representa una serie de beneficios de salud y desempeño que son distintos a los problemas ocasionados por lo que usualmente conocemos como estrés. Los beneficios del euestrés y los costes del estrés están reflejados en la Tabla 14.1.

El estrés no es necesariamente malo en sí mismo. Pero cuando las situaciones estresantes no se resuelven, el cuerpo se mantiene en un estado de activación, lo que aumenta el ritmo de desgaste de los sistemas biológicos. A la final, surge la fatiga y pueden ocurrir daños, y la habilidad del cuerpo para repararse y defenderse se ve seriamente comprometida. Como consecuencia, se incrementan tremendamente los riegos de lesión y las posibilidades de contraer enfermedades.

Tabla 14.1. Beneficios del euestrés y costes del estrés

BENEFICIOS DEL EUESTRÉS	
DESEMPEÑO	**SALUD**
Incremento de los niveles de activación	Eficiencia cardiovascular
Rachas de mejor ejecución física	Aumento de la concentración en una emergencia
COSTES DEL ESTRÉS	
Individual	Organizacional
Desórdenes psicológicos y somatización	Problemas de participación
Enfermedades físicas	Disminución de los niveles de desempeño
Problemas conductuales	Empeoramiento del clima laboral

Fuente: Adaptado de Nelson y Quick (2013).

Según el Instituto Nacional para la Seguridad y la Salud Ocupacional de los Estados Unidos (NIOSH, por sus siglas en inglés) y la Agencia Europea para la Seguridad y la Salud en el Trabajo (EU.OSHA, por sus siglas en inglés), gran cantidad de investigaciones realizadas en los últimos veinte años han analizado la relación entre el estrés en el trabajo y una variedad de enfermedades crónicas y desórdenes corporales. Desórdenes del sueño y el humor, malestar estomacal, estreñimiento, dolores de cabeza y problemas en las relaciones con familiares y amigos son todos ejemplos de afecciones relacionadas con el estrés. Estas son señales tempranas de estrés y generalmente son fáciles de reconocer. Por supuesto, el efecto del estrés en enfermedades crónicas es más difícil de ver porque las enfermedades crónicas se desarrollan a largo plazo y pueden estar asociadas a muchos otros factores distintos al estrés. Sin embargo, según el NIOSH, cada vez hay más evidencias que sugieren que el estrés juega un papel importante en varios tipos de problemas de salud crónicos, especialmente enfermedades cardiovasculares, desórdenes musculares y esqueléticos y desórdenes de tipo psicológico.

Estos síntomas psicológicos se reflejan en su forma más simple en la insatisfacción con el trabajo. Pero el estrés también puede manifestarse en otros estados psicológicos, como la irritabilidad, el cansancio, el tedio, la tensión y la falta de interés por las responsabilidades del puesto. En su extremo más agudo, el estrés se ve reflejado en el fenómeno japonés del *karoshi*, o muerte por exceso de trabajo (Herbig y Palumbo, 1994).

Los problemas conductuales son una tercera forma de manifestación del estrés. Los síntomas conductuales relacionados con el estrés incluyen la violencia, abuso de diversas sustancias, cambios en los hábitos alimenticios, desórdenes del sueño y manifestaciones directamente relacionadas con el trabajo, como el absentismo, la rotación y los cambios en los niveles de productividad.

Se han hecho una gran cantidad de investigaciones acerca de la relación entre estrés y desempeño. El patrón más ampliamente estudiado se denomina la relación de la U invertida.

Figura 14.1. Relación de U invertida entre el estrés y el desempeño en el trabajo

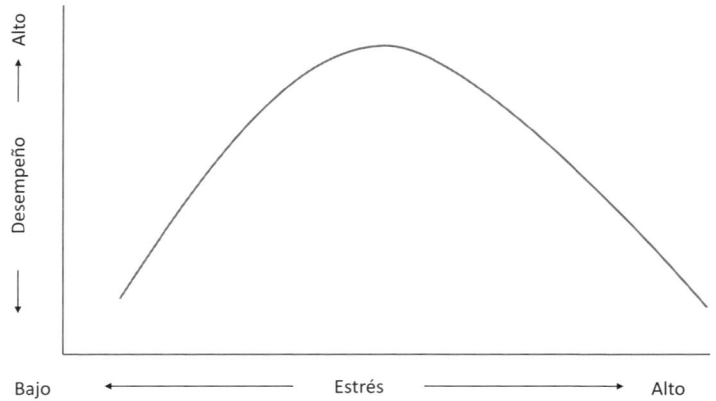

Fuente: Elaboración propia.

El patrón refleja el hecho de que niveles bajos o moderados de estrés estimulan el cuerpo e incrementan su habilidad para reaccionar. A estos niveles, las personas desempeñan mejor sus tareas, con más intensidad y de forma más rápida. Pero cuando los niveles de estrés son altos o muy altos, las personas enfrentan demasiadas demandas o limitaciones y esto las lleva a tener peores resultados en su desempeño.

14.3. GESTIÓN DEL ESTRÉS

El estrés está inevitablemente presente en nuestra vida personal y laboral. El estrés no es intrínsecamente malo o destructivo. El estrés se puede gestionar. Tradicionalmente, la gestión del estrés laboral se ha visto desde dos perspectivas, la perspectiva individual y la perspectiva organizacional.

14.3.1. Perspectiva individual

Un empleado puede asumir la responsabilidad de reducir sus niveles de estrés. La prevención individual se centra en cómo la persona puede gestionar el estrés antes de que se convierta en un problema. El ejercicio físico, el entrenamiento en relajación, las técnicas de gestión del tiempo y los hábitos alimenticios son algunas de las estrategias individuales que han probado ser efectivas a la hora de gestionar el estrés.

Los ejercicios aeróbicos, como caminar, correr, nadar o montar bicicleta, mejoran la capacidad de repuesta de una persona a actividades estresantes. Los ejercicios aeróbicos aumentan la capacidad cardíaca, disminuyen la tasa cardíaca en reposo, son una vía de distracción de las presiones del trabajo y aumentan la autoestima. El entrenamiento en flexibilidad también es importante por la actividad muscular (contracciones) asociadas con las respuestas fisiológicas al estrés. El entrenamiento en flexibilidad permite a las personas un mayor control sobre su respuesta muscular y prevenir así la acumulación innecesaria de tensión muscular.

Asociado con lo anterior, las personas pueden aprender a reducir la tensión física y psíquica a través de las técnicas de relajación.

El objetivo de técnicas como la retroalimentación biológica (*biofeedback*), la hipnosis o la meditación es alcanzar un estado de profunda relajación que permite aislarse del entorno inmediato. Al igual que con el entrenamiento físico, a través de la práctica de técnicas de relajación se pueden conseguir cambios en el ritmo cardíaco, en la presión sanguínea y otras variables fisiológicas que sirven de contrarrespuesta al estrés.

La sobrecarga de trabajo, que ha sido identificada como la mayor fuente de estrés laboral, conduce generalmente a tener presiones de tiempo en la necesidad de culminar las actividades. La realidad es que la mayoría de las personas gestionan inadecuadamente su tiempo. Las habilidades en la gestión del tiempo pueden ayudar a los empleados a ser más efectivos y eficientes en la realización de sus tareas.

Aquello de saber diferenciar entre lo urgente, lo importante y lo necesario, tiene mucha repercusión en el desarrollo profesional a largo plazo. La comprensión y utilización de las técnicas básicas de gestión del tiempo pueden ayudar a los empleados a enfrentar con mejor preparación las demandas creadas por el trabajo. La acertada gestión del tiempo puede ayudar a la persona a minimizar el estrés y a saber priorizar. Una adecuada organización y priorización de las actividades pueden ser las habilidades más importantes que puede adquirir alguien que pretenda gestionar bien una agenda llena de responsabilidades.

Los hábitos alimenticios también pueden jugar un papel, aunque indirecto, en el estrés y su gestión. Alimentos con un alto contenido de azúcar pueden estimular la respuesta al estrés y, como sabemos de sobra, los alimentos con alto contenido de colesterol pueden bloquear las arterias y alterar el adecuado flujo sanguíneo. La alimentación a base de una dieta saludable y balanceada puede contribuir a que la persona sea menos vulnerable al estrés.

14.3.2. Perspectiva organizacional

Algunas organizaciones se caracterizan por tener bajos niveles de estrés y un clima laboral saludable, mientras que otras son de alto estrés, lo que resulta en un mayor riesgo para la salud de sus empleados. Algunos de los factores que producen estrés, como las demandas del rol, la fijación de objetivos y la estructura organizacional, son controlados por la dirección de la empresa.

Por tanto, la dirección puede utilizar estrategias para reducir el estrés laboral:

- **Rediseño de los puestos de trabajo**. El objetivo debe estar centrado en incrementar el control del empleado sobre sus actividades. Incrementar el control del empleado reduce el estrés sin tener necesariamente que reducir la productividad.

- **Fijación de objetivos**. Las investigaciones sobre fijación de objetivos concluyen que las personas tienen un mejor desempeño cuando tienen metas claras y que implican un reto alcanzable. El desempeño también mejora cuando los empleados reciben retroalimentación acerca de cómo van progresando en la consecución de esas metas. La fijación de objetivos realistas y alcanzables reduce el estrés y aumenta la motivación de la fuerza laboral.

- **Incremento de la participación de los empleados en la toma de decisiones**. Disminuye el estrés relacionado con la demanda de roles. El estrés producido por la demanda de roles se produce porque los empleados sienten incertidumbre acerca de sus objetivos, expectativas de la organización con respecto a su trabajo y cómo serán evaluadas sus tareas. Involucrar a las personas en las decisiones que afectan el desempeño de su trabajo les otorga más control e incrementa su identificación con la tarea, reduciendo así el estrés del rol.

- **Comunicación formal**. Finalmente, una manera efectiva de reducir la incertidumbre y, por tanto, el conflicto y la ambigüedad del rol es mejorar las comunicaciones formales de la organización. Las comunicaciones efectivas por parte de la dirección pueden influir en la percepción de los empleados acerca del clima laboral.

La percepción juega un papel central en la relación estrés – respuesta, y las acciones y símbolos comunicados por la dirección serán fundamentales en la interpretación que los empleados hacen de lo que son las amenazas, demandas y oportunidades dentro de la organización.

15

Conclusiones

El diseño organizacional es una serie de actividades dirigidas a alinear todos los elementos de la organización, con la finalidad de obtener un alto desempeño y conseguir cumplir con las metas fijadas en la estrategia empresarial. La estructura interna de una organización contribuye a explicar y predecir la conducta. Es decir, además de los factores individuales y de grupo, las relaciones estructurales en las que trabajan las personas tienen una influencia importante en las conductas y actitudes de los empleados.

La estructura organizacional reduce la ambigüedad en los empleados, y deja claro cuáles son sus funciones, cómo deben desempeñarlas y a quién deben rendir cuentas o acudir a la hora de tener un problema. La estructura organizacional define las actitudes de los empleados y los refuerza y motiva para obtener altos niveles de desempeño.

La estructura organizacional también fija los límites y controles sobre lo que los empleados hacen. Organizaciones con bajos niveles de formalización y especialización y con amplios ámbitos de control dejan a los empleados un gran margen de libertad de acción. Por el contrario, organizaciones estructuradas sobre la base de unos altos niveles de formalización y especialización, con una estricta jerarquía de autoridad y una limitada delegación de autoridad deja a los empleados pocos márgenes de maniobra y autonomía.

El tipo de estructura que tendrá una organización estará determinado por una serie de variables contextuales como su estrategia y objetivos, tamaño, tecnología y el entorno en el que opera.

Los diseños organizacionales que hemos descrito —estructura simple, la burocracia, la estructura matricial— se han visto transformados y algunas veces sustituidos por una serie de factores contemporáneos como la globalización, los cambios en la tecnología de la información y los cada vez más cortos ciclos de vida en las organizaciones. Las estructuras organizacionales emergentes son el resultado de la acción combinada de estos factores.

El cambio no es solo una realidad en la gestión de las organizaciones, sino además una necesidad. El entorno actual de grandes turbulencias exige a las organizaciones y a sus miembros la capacidad de realizar cambios dinámicos para lograr altos niveles de desempeño y poder mantener sus ventajas competitivas y aporte de valor.

Para tener éxito en los esfuerzos por gestionar el cambio, los gerentes deben ser capaces de reconocer las fuerzas que motivan el cambio. Como hemos visto, estas fuerzas pueden venir de fuentes internas o externas a la organización. En ocasiones provienen de una combinación de ambas.

Los directivos son los principales agentes de cambio en la mayoría de las organizaciones. El compromiso de la alta dirección con el cambio debe ser visible, porque su conducta será modelada por los empleados. Debe desarrollarse una visión compartida del cambio que incluya la participación del mayor número de empleados posible en el proceso de planificación. Debe llevarse a cabo un cuidadoso diagnóstico y análisis de necesidades antes de proceder a la implementación del cambio.

Como la resistencia al cambio es un hecho ineludible, la dirección debe planificar su ocurrencia y estar preparada para su gestión. Una oportuna y completa comunicación sobre los antecedentes y consecuencias del cambio, alta participación y soporte empático serán muy útiles para ayudar a los miembros de la organización en la etapa de transición. Además, el sistema de recompensas en la organización debe estar preparado para reforzar las nuevas conductas y extinguir las antiguas. Finalmente, para conseguir efectivamente los objetivos del cambio, también es importante seleccionar cuidadosamente la técnica de desarrollo organizacional.

El estrés es una consecuencia ineludible de nuestras vidas personales y profesionales. Algunas organizaciones, asumiendo que el estrés laboral es un mal necesario, optan por aumentar la presión a sus empleados y deciden obviar las preocupaciones de salud para seguir siendo productivas y competitivas. Sin embargo, las investigaciones contradicen esta postura. Los resultados de estas investigaciones evidencian que las condiciones excesivamente estresantes de trabajo están asociadas, entre otros males, con la rotación, el absentismo y el aumento de las dimisiones, todo lo cual repercute de forma negativa en la operativa de la organización.

Los directivos deben aprender a crear un clima laboral que mantenga el estrés en niveles saludables y que facilite el desempeño y bienestar de sus empleados. Las organizaciones deben asegurar un volumen de trabajo que sea acorde con las habilidades y recursos de los trabajadores. Los puestos de trabajo deben estar diseñados de forma tal que tengan significado para el empleado, le proporcionen una adecuada motivación y las oportunidades para desarrollar sus habilidades. La participación en los procesos de toma de decisiones, unos roles y responsabilidades claramente definidos y una comunicación que reduzca los niveles de incertidumbre también son medidas que ayudarán a la organización a prevenir niveles altos de estrés laboral.

Por último, el apoyo de las organizaciones para el desarrollo de programas de bienestar social puede contribuir a crear un ambiente laboral más saludable. Las iniciativas de bienestar social son programas apoyados organizacionalmente y que están centrados en eliminar los riesgos de salud en el trabajo y promover estilos de vida más saludable.

Bibliografía

BRIDGES, W. y BRIDGES, S. (2019). *Transitions: Making sense of life's changes*. Hachette UK.

BURNS. T. y STALKER, G. M. (1961). *The Management of Innovation*. Tavistock.

COURTRIGHT, J. A., FAIRHURST, G. T. y ROGERS, L. E. (1989). Interaction Patterns in Organic and Mechanistic Systems. *Academy of Management Journal*. 773-802.

CUMMINGS, T. G. y HUSE, E. F. (1989). *Organizational Development and Change*. St. Paul: West.

CURRY, R. (2023). *Recent data shows AI job losses are rising, but the numbers don't tell the full story*. CNBC. https://www.cnbc.com/2023/12/16/ai-job-losses-are-rising-but-the-numbers-dont-tell-the-full-story.html

DESS, G. G. y BEARD, D. W. (1984). Dimensions of Organizational Task Environments. *Administrative Science Quarterly*. March: 52-73.

EUROFOUND (2020). *Living, working and COVID-19*: First findings. Dublin.

FRENCH, W. L. y BELL, C. H. (1990). *Organizational Development: Behavioral Science Interventions for Organizational Improvement*. 4th. Ed. Englewood Cliffs, N. J.: Prentice-Hall.

GERLOFF, E. A., MUIR, N. K. y BODENSTEINER, W. D. (1991). Three Components of Perceived Environmental Uncertainty: An Exploratory Analysis of the Effects of Aggregation. *Journal of Management*. December: 749-68.

HERBIG, P. A. y PALUMBO, F. A. (1994). Karoshi: Salaryman Sudden Death Syndrome. *Journal of Managerial Psychology* 9: 11-16.

HORTON, T. R. (1991). Structural Roles of Managers Today versus Managers of the Future. *Management Review*. January.

HOSMER, L. T. (1995). Trust: The Connecting Link between Organizational Theory and Philosophical Ethics. *Academy of Management Review* 5: 379-403.

KOTTER, J. P. y SCHLESINGER, L. A. (1979). Choosing Strategies for Change. *Harvard Business Review*. March-April: pp. 106-114.

LAWRANCE, P. y LORSCH, J. (1967). *Organization and Environment: Managing Differentiation and Integration*. Harvard University Press.

LEVY, A. (1986). Second-Order Planned Change: Definition and Conceptualization. *Organizational Dynamics*. Summer: 4-20.

LEWIN, K. (1951). *Field Theory in Social Science*. Harper & Row.

MEYER, M. (1972). Size and the Structure of Organizations: A Causal Analysis. *American Sociological Review*. August: 434-441.

MILES, R. E. y SNOW, C. C. (1978). *Organizational Strategy, Structure and Process*. McGraw-Hill.

MILLER, D. (1987). The Structural and Environmental Correlates of Business Strategy. *Strategic Management Journal*. January-February: 55-76.

NELSON, D. L. y QUICK, J. C. (2013). *Organizational behavior: Science, the real world, and you*. Cengage learning.

PASMORE, W. A. y FAGANS, M. R. (1992). Participation, Individual Development, and Organizational Change: A Review and Synthesis. *Journal of Management*. June: pp. 375-97.

PERROW, C. (1967). A framework for the Comparative Analysis of Organizations, *American Sociological Review*. 194-208.

PRASLOVA, L., CARUCCI, R. y STOKES, C. (2022). How Bullying Manifests at Work — and How to Stop It. *Harvard Business Review*.

QUICK, J. D., HORN, R. S. y QUICK, J. C. (1986). Health Consequences of Stress. *Journal of Organizational Behavior Management 8*: 19-36.

ROBBINS, S. P. y JUDGE, T. A. (2017). *Organizational behavior*. Pearson.

SAINATO, M. (2022, May 27). «It's all preventable»: Tackling America's workplace suicide epidemic. *The Guardian*. https://www.theguardian.com/us-news/2022/may/27/us-workplace-suicide-rates-pandemic

SHENKAR, O., ARANYA, N. y ALMOR, T. (1995). Construct Dimensions in the Contingency Model: An Analysis Comparing Metric and Non-Metric Multivariate Instruments. *Human Relations*: 559-80.

STANFORD, N. (2007). *Guide to Organizational Design. Creating High-performing and Adaptable Enterprises*. The Economist & Profile Books.

STAW, B. M. y CUMMINGS, L. L. (1994). *Research in Organizational Behavior*. JAI Press, pp. 215-55.

SWEZEY, R. y SALAS, E. (1991). *Teams: Their Training and Performance*. Ablex.

THOMPSON, J. D. (2017). *Organizations in action: Social science bases of administrative theory*. Routledge.

TORO DUPOUY, L. F. (2017). La importancia de la estructura y el diseño organizacional como fuentes de competitividad. *Harvard Deusto Business Review*, (269), 8-20.

TORO DUPOUY, L. F. (2020). *E-learning: consumo vinculado a la transformación digital personal, las nuevas tendencias, escuelas tradicionales vs. escuelas digitales*. OBS Business School.

WOODMAN, R. W. y PASMORE, W. A. (1987). *Research in Organizational Change and Development*. JAI Press.

WOODWARD, H. y BUCHHOLZ, S. (1987). *Aftershock: Helping People through Corporate Change*. Wiley.

WOODWARD, J. (1965). *Industrial Organization: Theory and Practices*. Oxford University Press.

WORKPLACE STRESS (2023). The American Institute of Stress. https://www.stress.org/workplace-stress

WORLD MIGRATION REPORT (n.d.). https://worldmigrationreport.iom.int/wmr-2022-interactive/?lang=ES